עֲלֵיכֶם. מַלְאֲכֵי הַשָּׁרֵת מַלְאֲכֵי עֶלְיוֹן מִמֶּלֶךְ מַלְכֵי

הַמְּלָכִים הַקָּדוֹשׁ בָּרוּךְ הוּא ; ג פעמים בְּבוֹאֲכֶם

לְשָׁלוֹם מַלְאֲכֵי הַשָּׁלוֹם מַלְאֲכֵי עֶלְיוֹן מִמֶּלֶךְ

מַלְכֵי הַמְּלָכִים הַקָּדוֹשׁ בָּרוּךְ הוּא : ג"פ בָּרְכוּנִי

לְשָׁלוֹם מַלְאֲכֵי הַשָּׁלוֹם מַלְאֲכֵי עֶלְיוֹן מִמֶּלֶךְ

מַלְכֵי הַמְּלָכִים הַקָּדוֹשׁ בָּרוּךְ הוּא :ג"פ צֵאתְכֶם

לְשָׁלוֹם מַלְאֲכֵי הַשָּׁלוֹם. מַלְאֲכֵי עֶלְיוֹן מִמֶּלֶךְ

מַלְכֵי הַמְּלָכִים הַקָּדוֹשׁ בָּרוּךְ הוּא ;

שָׁלוֹם עֲלֵיכֶם

SHALOM ALEICHEM

שָׁלוֹם עֲלֵיכֶם

SHALOM ALEICHEM

NOAH GOLINKIN

Hebrew Publishing Company | בית ההוצאה העברי

1999

Dedicated to two great Jews
and great humanitarians
Sylvia and Alec Hassan

V

October 1999

Hebrew Publishing Company
Order Department
P.O. BOX 222
SPENCERTOWN, NY 12165
TELEPHONE (518) 392-3322
FAX (518) 392-4280

PRINTED AND BOUND BY BOYD PRINTING CO., INC., ALBANY, NEW YORK, USA

L

FOREWORD

The Federation of Jewish Men's Clubs will ever remain indebted to Rabbi Noah Golinkin for his dedication and commitment to the creation of a laity versed in the reading of Hebrew. His inspiration has guided us for nearly two decades.

In 1963, as Rabbi in Arlington, Virginia, Noah Golinkin first implemented the idea of a local Hebrew literacy campaign using the now famous devices of "layperson teaching layperson" and of multiple parallel classes meeting students' respective time preferences.

In 1978, in response to an enthusiastic and eloquent proposal by Rabbi Golinkin to the Conservative movement, the Federation of Jewish Men's Clubs sponsored a Hebrew literacy campaign throughout the United States and Canada, The campaign made history: using Rabbi Golinkin's textbook, *Shalom Aleichem*, it succeeded in teaching more than 150,000 adults to read prayerbook Hebrew. Rabbi Golinkin has now completed a sequel, *Ayn Kelohenu*, and has pioneered his own one-day Hebrew reading marathon.

In 1992 the Rabbinical Assembly convention passed a resolution proclaiming the years from 1992 to 2002 the Decade of Hebrew Literacy. Since then the Federation of Jewish Men's Clubs and the Rabbinical Assembly have joined in a campaign to eliminate still existing Hebrew illiteracy from our synagogues. To provide further impetus to this undertaking, two important learning tools, the Implementation Guide and the Teacher's Guide, have been extensively revised and can be obtained from the Federation of Jewish Men's Clubs.

We fervently hope that every Jewish facility and program will place literacy at the top of their agenda. If we can read the language of our people, we will remain a people, indeed we will remain—as some have termed us—the People of the Book.

Rabbi Charles Simon
Executive Director
Federation of Jewish Men's Clubs

PREFACE

Shalom Aleichem will lead beginning students directly from the *Aleph Bet* to fluent reading of the Friday night service in 12 sessions. The entire prayerbook, as well as the Bible and, in fact, all Hebrew literature, will then be open to them.

It is, of course, possible for an individual to use this book to learn to read Hebrew, but it is assumed that it will be used in a class for the most part and a Teacher's Guide is available for this purpose.

Many of those beginning to learn Hebrew reading will already be familiar with the words of the popular Sabbath eve song, *Shalom Aleichem,* which this book uses as the basis of its instruction. Certain letters and words are repeated there with great frequency. As a result, students will learn to read two-thirds of the Hebrew alphabet by the end of Unit 4. Upon completion of Unit 7, they will be able to read the *Kiddush, Sh'ma* and *L'Cha Dodee,* as well as *Shalom Aleichem* itself, and everything else follows!

The entire learning process is permeated with a clear sense of direction, an awareness of short-range and long-term goals, and an exhilarating feeling of discovery and accomplishment.

By an easy progression, students are led from goal to goal and from achievement to achievement. Each stage is marked visually: single arrows at the top of the page point to the chosen goal word; an exclamation point announces the attainment of the goal; double arrows announce a new goal.

Actual words and phrases from the prayerbook are introduced at the earliest possible moment and the vocabulary throughout the book is derived from the Friday night service.

Shalom Aleichem employs the modern Israeli (Sefardi) pronunciation of Hebrew as it is generally taught in the U.S.A. In order not to overburden the beginning student, the *dagesh hazak* is not taught. The *sh'va* is ignored at first and although later explained, its actual use is best learnt by listening.

It is my hope that this book will prove useful to teachers and students of all ages and that it will help fill a serious void in Jewish life. Any comments or criticisms arising out of actual experience will be welcomed so that corrections and improvements may be made in future editions. I earnestly pray that *Shalom Aleichem* will make a truly meaningful contribution to the widespread revival of Hebrew literacy among our people.

NOAH GOLINKIN

1

Jvok 22

שָׁלוֹם עֲלֵיכֶם מַלְאֲכֵי הַשָּׁרֵת מַלְאֲכֵי עֶלְיוֹן	1
מִמֶּלֶךְ מַלְכֵי הַמְּלָכִים הַקָּדוֹשׁ בָּרוּךְ הוּא	2
בּוֹאֲכֶם לְשָׁלוֹם מַלְאֲכֵי הַשָּׁלוֹם מַלְאֲכֵי עֶלְיוֹן	3
מִמֶּלֶךְ מַלְכֵי הַמְּלָכִים הַקָּדוֹשׁ בָּרוּךְ הוּא	4
בָּרְכוּנִי לְשָׁלוֹם מַלְאֲכֵי הַשָּׁלוֹם מַלְאֲכֵי עֶלְיוֹן	5
מִמֶּלֶךְ מַלְכֵי הַמְּלָכִים הַקָּדוֹשׁ בָּרוּךְ הוּא	6
צֵאתְכֶם לְשָׁלוֹם מַלְאֲכֵי הַשָּׁלוֹם מַלְאֲכֵי עֶלְיוֹן	7
מִמֶּלֶךְ מַלְכֵי הַמְּלָכִים הַקָּדוֹשׁ בָּרוּךְ הוּא	8

1. Sha-lom a-lay-khem mal-a-khay ha-sha-rayt mal-a-khay el - yon
2. Mee - me-lekh ma-l-khay ha-mla-kheem ha-ka-dosh ba - rookh hoo
3. Bo-a-khem l-sha-lom mal-a-khay ha-sha-lom mal-a-khay el - yon
4. Mee - me-lekh ma-l-khay ha-mla-kheem ha-ka-dosh ba-rookh hoo
5. Bar-khoo-nee l-sha-lom mal-a-khay ha-sha-lom mal-a-khay el-yon
6. Mee-me-lekh ma-l-khay ha-mla-kheem ha-ka-dosh ba-rookh hoo
7. Tzayt-khem l-sha-lom mal-a-khay ha-sha-lom mal-a-khay el-yon
8. Mee-me-lekh ma-l-khay ha-mla-kheem ha-ka-dosh ba-rookh hoo

מֶלֶךְ ⇇

* **M**em = מ

◌ֶ ◌ֵ ◌ִ

מִ	מִ	מִ	מִ	מִ	מִ	מִ	מִ	1
מֵ	מֵ	מֵ	מֵ	מֵ	מֵ	מֵ	מֵ	2
מֶ	מֶ	מֶ	מֶ	מֶ	מֶ	מֶ	מֶ	3

מִמִ	מִמִ	מִמִ	מִמִ	מִמִ	4
מֵמֵ	מֵמֵ	מֵמֵ	מֵמֵ	מֵמֵ	5
מֶמֶ	מֶמֶ	מֶמֶ	מֶמֶ	מֶמֶ	6
מֵמֶ	מִמֶ	מִמֶ	מֵמִ	מִמֵ	7
מִמֶ	מִמֶ	מֵמֵ	מֵמִ	מֶמִ	8
מִמֶ	מִמֶ	מֶמֵ	מֶמֶ	מֶמֶ	9
מִמֶ	מֶמֶ	מֶמֶ	מִמֶ	מִמֶ	10

* **M**	(me) me	EE =	◌ִ
	(may) they	AY =	◌ֵ
	(meh) them	EH =	◌ֶ

מֶלֶךְ ←

מֶלֶך ←

L*amed* = ל

לִ לִ לִ לִ לִ לִ לִ לִ 1

לֵ לֵ לֵ לֵ לֵ לֵ לֵ לֵ 2

לֶ לֶ לֶ לֶ לֶ לֶ לֶ לֶ 3

לִלִ לֶלֶ לֶלֶ לִלֶ לֶלִ לֶלִ 4

לֵלֵ לֵלֶ לֵלִ לֶלֶ לֶלִ לֶלֵ 5

מֶלֶ לֶמֶ מֶלִ לֵמֶ מִלֶ מֶלֵ 6

מֶלֶ מֶלֶ מֶלֶ מֶלֶ מֶלֶ מֶלֶ 7

מִמֶ מִמֶל מִמֶלֶ מִמֶל 8

מִמֶלֶ מִמֶלֶ מֶלֶ מֶלֶ מֶלֶ 9

מֶלֶ מֶלֶ מֶלֶ מֶלֶ מֶלֶ מֶלֶ 10

מֶלֶך ←

← מֶלֶך !

*

Ch (or Kh) = ך

Final Chaf

1 ך ך ך ך ך ך ך ך

2 מִך מֵך מֶך מֵך מִך מֵך

3 לִך לֶך לֶך לֶך לִך לֵך

4 לֵך לֶך לֵלֵך לֶלֵך לֶלֶך

5 לֶ מֶ ך לֶמֶך לֶמִך לֵמֵך

6 לֶך לֶך לֶך לֶך לֶך לֶך

7 מֶלֶ מֶלֶ מֶלֶ מֶלֶ מֶלֶ מֶלֶ

8 מֶ לֶ ך מֶלֶ מֶלֶך מֶלֶך !

9 מֶלֶך מֶלֶך מֶלֶך מֶלֶך

10 מִמֶלֶך מִמֶלֶך מִמֶלֶך

who is king

---

* Pronounced like the "ch" or "kh" sound in Yiddish (e.g. *knaydlach).*

This form of the letter is used only at the end of a word. Another form of the letter is used for this sound when it comes at the beginning or in the middle of a word (see next page).

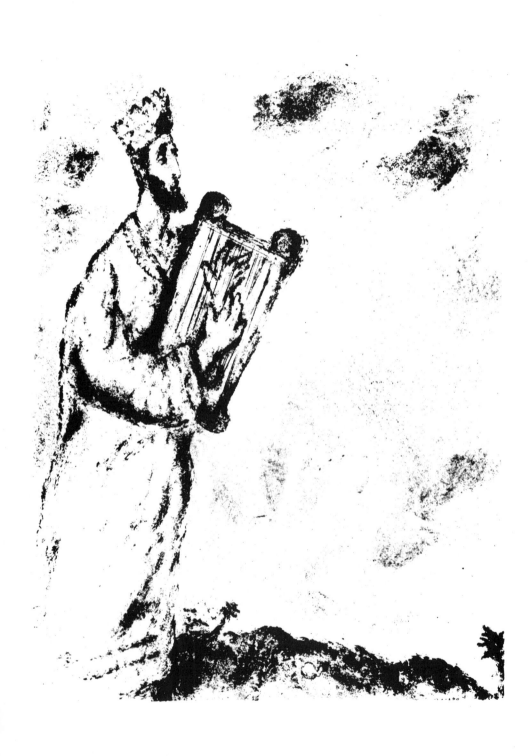

שיר השירים
אשר לשלמה
קהלת
שירהשי
משלי
על הרי בשמים

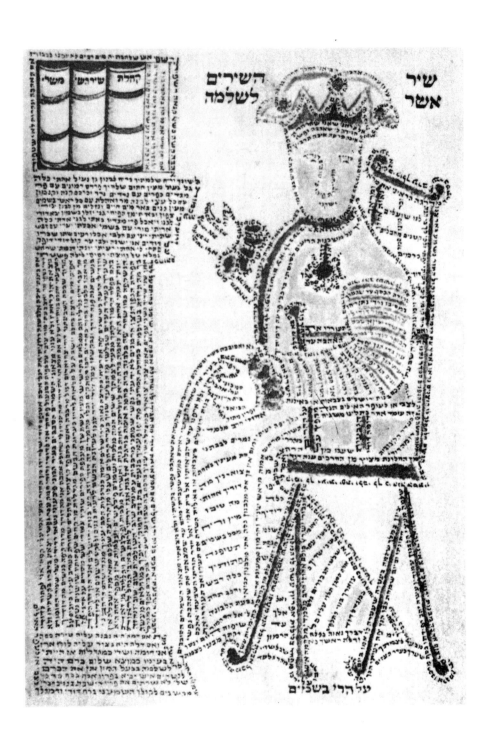

*

Ch (or Kh) = ך = כ Chaf

1 כ כ כ כ ך ך ך ך

2 כ ך כ ך כ ך כ ך

3 כִ כִ כֵ כֵ כֵ כֶ כֶ כִ

4 כִכֵ כֵכִ כֶכֵ כֵ כֵ כֵ

5 כִל כִמ כִמך כִלֵך לֵכֵך

6 לֵכֵ לֵכֵ לֵכֵ לֵכֵ לֵכֵ לֵכֵ

7 מִלכֵ מִלכֵ מִלכֵ מִלכֵ מִלכֵ

8 מֵלכֵ מֵלכֵ מֵלכֵ מֵלכֵ מֵלכֵ

9 מֶלכֵ מֶלכֵ מֶלכֵ מֶלכֵ מֶלכֵ

10 לֵכֵ לֵכֵ לֵכֵ לֵכֵ לֵכֵ לֵכֵ

---

*

כ is used at the beginning or in the middle of a word.

ך is used at the end of a word.

מַלכֵי ←

* ֵ = ֵי (yud)

1 כֵי כֵי כֵ כֵי כֵי כֵ כֵ

2 כֵי לכֵי לכֵ לכֵי לכֵי כֵ

3 לכֵי לכֵי לכֵי לכֵי ל

4 מִמֶלֶךְ לכֵי לכֵי מֶלֶךְ

5 מִלכֵי מִלכֵי מִלכֵי מִלכֵי מִלכֵי מִלכֵי

6 מֵלכֵי מֵלכֵי מֵלכֵי מֵלכֵי מֵלכֵי מֵלכֵי

7 מֶלכֵי מֶלכֵי מֶלכֵי מֶלכֵי מֶלכֵי מֶלכֵי

8 מֶלכֵי מֶלֶךְ מֶלכֵי מֶלֶךְ מֶלכֵי

9 מֶלכֵי מִמֶלֶךְ מֶלכֵי מִמֶלֶךְ מֶלכֵי

10 מ לכֵי מ לכֵי מ לכֵי מ לכֵי מ לכֵי

---

* ֵי = AY (May)

מַלכֵי ←

! מַלכֵי ←

*

New Vowels: Ah = ◌ָ ◌ַ

1 מַ מַ מָ מָ לַ לַ לָ לָ

2 מָלָ מָלָ לָמָ לָמָ לָלָ מַמַ

3 מָ מָ מָ מַל מַל מַל

4 מָל מָל מָל מַל מַל מַל

5 מַל מַל מַל כֵי כֵי כֵי

6 מַ מַל לכֵ מַלכֵ מַלכֵי !

7 מַלכֵי מַלכֵי מַלכֵי מַלכֵי מַלכֵי

8 כֵי כֵי לכֵי מַל מַל מַלכֵי

9 מַלכֵי מַלכֵי מַלכֵי מֶלֶך מַלכֵי

10 מַלכֵי מֶלֶך מַלכֵי מֶלֶך מַלכֵי

11 מִ מִ לֶך מִמֶ מִמֶלֶ לֶך

12 מַלכֵי מִמֶלֶך מַלכֵי מִמֶלֶך מַלכֵי

---

*

Ah (Shabbat) = ◌ָ ◌ַ

מְלָכִים ⇇

*

EE	=	יִ	=	ִ

1 מִ מִי מִ מִי לִ לִי מִי

2 כִ כִי כִ כִי מִי כִי מִי

3 כִי כִי כִי לִי לִיכִי מִיכִי

4 כִי כִי לָכִי לָכִי לָכִי לָכִי

5 לָ לָ מלָ לָכִי לָכִי

6 כִי לָכִי לָכִי מלָ מלָ מלָכִי

7 כִי כִי לָכִי לָכִי מלָכִי מלָכִי

8 כִי מלָכִי כִי מלָ כִי כִי

9 מֶלֶך מַלכֵי מלָכִי מלָכִי מלָכִי

10 מִמֶלֶך מַלכֵי מלָכִי מלָכִי מלָכִי

---

* EE (teem) = יִ

מְלָכִים ←

מלָכִים ← !

* **מ = ם = M**

1 מ ם מ ם מ ם מ ם

2 מִים לִים כִּים לָם

3 לֶם לֵם לַם לָם מֵם מֶם

4 מֵים לֵים כִּים כַּם כִּים

5 כִּים כִּים כִּים כִּים כִּים

6 לָכִים לָ כִּים מלָ מלָכִים !

7 מלָכִים מלָכִים מלָכִים

8 מַלכֵי מלָכִים מֶלֶךְ מַלכֵי מלָכִים

9 מִמֶּלֶךְ מַלכֵי מלָכִים

10 מִמֶּלֶךְ מִמֶּלֶךְ מַלכֵי מלָכִים

---

* מ is used at the beginning or in the middle of a word.
ם is used only at the end of a word.

! הַמלָכִים ⇇

* **Hay = ה**

1 הִ הִי הֵ הֵי הֶ הֶ

2 הִהֶ הֶהִ הִהֵ הֵהִ הֵהֵ הֶהֶ

3 הָ הָ הַ הַ הָהָ הַהַ הַהַהַ

4 הַלַ הַכַ הַמַ הַם הַמֵ הַמֶ

5 הַמֶ הַמֶלֶ הַמֶלֶך הַמֶ

6 הַמ הַמלָ הַמלָכִ הַמלָכִי

7 הַמלָכִי הַמלָכִי הַמלָכִים הַמלָכִים !

8 מַלכֵי הַמלָכִים הַמלָכִים

9 מֶלֶך מַלכֵי הַמלָכִים

10 מִמֶלֶך מַלכֵי הַמלָכִים

---

* H (hay) = ה

ה is always sounded at the beginning or in the middle of a word.
ה is usually silent at the end of a word, (e.g. לְכָה).

Unit 2

Review and Expansion

ה	ך	כ	ל	ם	מ
◌ָ	◌ַ	◌ֵי	◌ִי	◌ֶ	◌ֵ ◌ִ

1 מ ם כ ך ה ל

2 מִי לִי הִי הַ מִ מֶ מַ לֶ לָ כֵי כִי

3 מלָכִים הַמלָכִים מֶלֶך מַלכֵי הַמלָכִים

4 מֶלֶך מָלַך מִמֶלֶך מַלכֵי הַמלָכִים

5 לִי לֵך לֶך לָכֶם לכָה

6 מִי לָהֶם הִים מַה לָך הֵם מֶם

7 הִל הֵל הֶלם מִילך הַלֵל

8 הֵלֵל הִלֵל לֵך לַמֶלֶך הִלֵל מִי לִי

9 כֶם כֵם לָכֶם הֵיכֶם הֵיכֶם

10 לֵ לִי כֶ ם לֵ לִי כֶם לֵיכֶם

11 לֵיכֶם לֵיכֶם לֵיכֶם הַלֵיכֶם הַלֵיכֶם

12 מֶלֶך מַלכֵי הַמלָכִים מַלכֵי מִמֶלֶך הַמלָכִים

Shin	= שׁ

1 שִׁ שִׁי שֵׁ שֵׁי שֶׁ שַׁ שָׁ

2 שִׁם שִׁים שֵׁם שֵׁים שַׁם שָׁם

3 שִׁל שִׁיל שֵׁל שֵׁיל שַׁל שָׁל שָׁל

4 שָׁל שָׁלִ שָׁלִי שָׁלֵ שָׁלֵי שָׁלֶ שָׁלַ שָׁלַ

5 שֵׁם שָׁם שָׁל שָׁל שָׁלֵ שָׁלֵ שָׁלֵ

6 שָׁל שָׁל ם לֵם לֵם שָׁ לֵם שָׁלֵם

7 שַׁ שָׁ שָׁ לֵ ם ם שָׁלֵם

8 שָׁלֵם שָׁלֵם שָׁלַם שָׁלֵם שָׁלֵם

9 מֶלֶך שָׁלֵם מַלכֵי שָׁלֵם שֵׁם שָׁלֵם

10 שָׁלֵם שָׁלֵם לֵיכֶם שָׁלֵם לֵיכֶם

11 לֵיכֶם לֵיכֶם שֵׁם שָׁם שָׁלֵם לֵיכֶם

12 שָׁלֵם לֵיכֶם מִמֶלֶך מַלְכֵי הַמְלָכִים *

---

* ְ : is a half-vowel called Sh'va. It is pronounced like "a" in about, around. It comes at the beginning of a word or a syllable.

← שָׁלוֹם

! שָׁלוֹם ←

* O Vav	= וֹ = ˙

vowels on left if on top

1 מֹ | כֹ | שֹׁ | הֹ | לֹ

2 מוֹ | כוֹ | שׁוֹ | הוֹ | לוֹ

3 לֹכ לֹך לֹל לֹם לוֹם לוֹכ לוֹך לוֹל

4 לֹם לֹם לֹם לֹם לוֹם לוֹם לוֹם לוֹם

5 שָׁ שָׁל שָׁלוֹ שָׁ לוֹם שָׁ לוֹם שָׁלוֹם !

6 שָׁלוֹם שָׁלוֹם שָׁלוֹם שָׁלוֹם שָׁלוֹם שָׁלוֹם

7 שָׁלוֹם מֶלֶךְ שָׁלוֹם מְלָכִים שָׁלוֹם מֶלֶךְ

8 שָׁלוֹם לְמֶלֶךְ הַמְּלָכִים לְמֶלֶךְ מַלְכֵי הַמְּלָכִים

9 לִי לְךְ לָךְ לוֹ לָהּ לָהֶם לָכֶם

10 שָׁלוֹם לִי שָׁלוֹם לָךְ שָׁלוֹם לְךְ שָׁלוֹם לוֹ

11 שָׁלוֹם לָכֶם שָׁלוֹם לָכֶם שָׁלוֹם לָכֶם

12 שָׁלוֹם לֵיכֶם שָׁלוֹם לֵיכֶם שָׁלוֹם לֵיכֶם

* O (fought) = וֹ = ˙

⇇ עֲלֵיכֶם ⇇ שָׁלוֹם עֲלֵיכֶם !

*

Silent letter - "AYIN" = ע

1 עְ עִי עֵ עֵי עֶ עַ עָ עֹ עוֹ

2 עְל עִיל עֵל עֵיל עֶל עֹל עוֹל עָל עַל

3 עַ עַל עַם עוֹלָם מֶלֶךְ עוֹלָם

4 עַל עֲלֵיכֶ עֲלֵי כֶם עֲלֵיכֶם עֲלֵיכֶם עֲלֵיכֶם !

5 עַל לֵי כֶם עֲלֵי כֶם עֲלֵיכֶם עֲלֵיכֶם עֲלֵיכֶם

6 שָׁלוֹם עֲלֵיכֶם שָׁלוֹם עֲלֵיכֶם שָׁלוֹם עֲלֵיכֶם !

7 עֲלֵיכֶם שָׁלוֹם עֲלֵיכֶם שָׁלוֹם שָׁלוֹם שָׁלוֹם

8 שָׁלוֹם עֲלֵיכֶם מַלְכֵי הַמְּלָכִים עֲלֵיכֶם שָׁלוֹם

9 שָׁלוֹם מִמֶּלֶךְ מַלְכֵי הַמְּלָכִים שָׁלוֹם
מֶלֶךְ הָעוֹלָם

10 שָׁלוֹם מֶלֶךְ הַשָּׁלוֹם שָׁלוֹם עַם הַשָּׁלוֹם

11 שָׁלוֹם לְמֶלֶךְ הַמְּלָכִים לְמֶלֶךְ הַשָּׁלוֹם

---

* Hebrew has two "silent" consonants— ע and א (see next page) — which are usually accompanied by a vowel whose sound they take.

! מַלאַכֵי ⇇

Silent letter - "ALEPH" =	א

1 אִ אִי אֵי אֶ אֹ אוֹ אָ אַ

2 אִךְ אִיךְ אֵךְ אֵיךְ אֶךְ אֹךְ אוֹךְ אָךְ אַךְ

3 אַ אָ אַךְ אָךְ אַ כֵי אַכֵי אַכֵי אַכֵי

4 מַל אָךְ מַל אָךְ מַלאָךְ מַלאַךְ מַלאָךְ

5 אַ כֵי אַכֵי מַל אַכֵי מַלאַכֵי מַלאַכֵי !

6 מַלאַכֵי מַלאַכֵי מַלְכֵי מַלְכֵי מַלאַכֵי

7 מַלאַכֵי מֶלֶךְ מַלְכֵי הַמְלָכִים מַלאַכֵי

8 מֶלֶךְ הַמְלָכִים מַלאַכֵי מֶלֶךְ מַלְכֵי הַמְלָכִים

9 מַלאַכֵי מֶלֶךְ הָעוֹלָם שָׁלוֹם לָכֶם שָׁלוֹם עֲלֵיכֶם

10 שָׁלוֹם לָכֶם מַלאַכֵי הַשָּׁלוֹם מַלאַכֵי הַשָּׁלוֹם

11 שָׁלוֹם עֲלֵיכֶם מַלאַכֵי הַשָּׁלוֹם מִמֶּלֶךְ הַמְּלָכִים

12 שָׁלוֹם עֲלֵיכֶם מַלאַכֵי מֶלֶךְ מַלְכֵי הַמְּלָכִים

A Hebrew vowel must always be attached to a consonant.

⇇ הַשָׁרֵת

R (esh) = ר

1 רוֹ רֹ רִ רִי רֶ רֶ רֵי רֵי רֵ רֵ

2 רֵ רֵ רֵךְ רֵל רֵם רֵשׁ

3 רֵ כָרֵ לָרֵ מָרֵ שָׁרֵ שָׁרֵ שָׁרֵ שָׁרֵ

4 שָׁרֵ שָׁרֵר שָׁרֵל שָׁרֵם שָׁרֵשׁ שָׁרֵשׁ

5 הַשָׁרֵ הַשָׁרֵשׁ הַשָׁרֵ הַשָׁרֵשׁ הַשָׁרֵ הַשָׁרֵ

6 מַלאַכֵי הַשָׁרֵ מַלאַכֵי הַשָׁרֵ מַלאַכֵי הַשָׁרֵ

7 מַלאַכֵי הַשָׁלוֹם מַלאַכֵי הַשָׁלוֹם

---

angels sabbath

8 שָׁלוֹם עֲלֵיכֶם מַלאַכֵי הַשָׁרֵ ... מַלאַכֵי ...

9 מִמֶלֶךְ מַלְכֵי הַמְלָכִים ...

! הַשָּׁרֵת ←

ת = תּ = Tav

1 ת תִ תִי תֵ תֵי תֶ תַ תָ תֹ תוֹ ת

2 תּ תִּ תִּי תֵּ תֵּי תֶּ תַּ תָּ תֹּ תּוֹ תּ

3 ת=תּ תִּתִ תִּיתִי תֵּתֵ תֵּיתֵי תַּתָ תּוֹתֹ

4 כֵת לֵת מֵת שֵׁת תֵת עֵת אֵת הֵת רֵת

5 רֵת רֵת רֵת רֵת שָׁ רֵת שָׁרֵת שָׁרֵ שָׁרֵת

6 שָׁ שָׁ רֵ רֵ ת ת שָׁ רֵ ת שָׁרֵת

7 שָׁ שָׁר שָׁרֵת שָׁרֵת הַשָּׁרֵ הַשָּׁרֵת הַשָּׁרֵת !

8 מַלְאֲכֵי הַשָּׁרֵת מַלְאֲכֵי הַשָּׁרֵת מַלְאֲכֵי הַשָּׁלוֹם

---

9 שָׁלוֹם עֲלֵיכֶם מַלְאֲכֵי הַשָּׁרֵת מַלְאֲכֵי ...

10 מִמֶּלֶךְ מַלְכֵי הַמְּלָכִים ...

Review and Expansion

א ע ה	כ ך ל מ ם	ר שׁ ת תּ
◌ִ ◌ֵ ◌ֶ ◌ִי ◌ֵי ◌ַ ◌ָ ◌ֹ וֹ ◌ְ		

1 | א | מַלְאֲכֵי אַ אֵ אִי אֶ

2 | אֶל אֵל אֵלִי אֵלִים

אֱלוֹהַּ אֱלֹהִים אֱלֹהֵיכֶם

3 | אוֹר אִישׁ אֲשֶׁר אוֹרֶךְ אֶת אוֹת אֱמֶת

4 | מַלְאֲכֵי שָׁלוֹם מַלְאֲכֵי אֵל מַלְאֲכֵי אֱלֹהִים

5 | מַלְאֲכֵי אוֹר מַלְאֲכֵי אֵשׁ

6 | ע | עַל עֲלֵיכֶם אֶל עַל

7 | עִם עַם עַמּוֹ עַמִּים עוֹלָם

8 | שְׁמַע מֶלֶךְ הָעוֹלָם עַם עוֹלָם

9 | שְׁמַע מֶלֶךְ הָעוֹלָם אֶל עַם עוֹלָם

10 | שְׁמַע עַם עוֹלָם שָׁלוֹם עַל עַם עוֹלָם

11 | ה | הַר הִרעִים הֵא

12 | הַמְּלָכִים הָעוֹלָם הָעַמִּים

13 | אֱלֹהִים אֱלֹהֵיכֶם

Review and Expansion

שָׁרֶת הַר הָרֹעִים מֵרֹאשׁ רֵאשִׁית	ר	1
אוֹרֶךְ שִׁיר שָׁמוֹר תָּמָר רֵישׁ		2
שָׁרֶת שָׁלוֹם שִׁיר שֵׁם שְׁמוֹ שְׁמֶךְ שִׁמְךָ	ש	3
שְׁמַע שִׁשִּׁי שְׁלִישִׁי שֶׁל שֵׁשֶׁת		4
אֵשׁ אִישׁ אֲשֶׁר שָׁמוֹר		5
שָׁרֶת אֶת אוֹת אוֹתוֹ אֱמֶת שֵׁשֶׁת רֵאשִׁית	ת	6
תּוֹרָה תְּהִלָּה תָּמָר תּוֹךְ	תּ	7
תּוֹרַת אֱמֶת תַּכְלִית	תת	8
מֶלֶךְ מְלָכִים מַלְכֵי מַלְאֲכֵי	מ	9
שְׁמוֹ שִׁמְךָ תָּמָר מֵרֹאשׁ		10
שָׁמוֹר אֱמֶת שְׁמַע		11
שָׁלוֹם עֲלֵיכֶם	ם	12
שָׁם עַם עוֹלָם הָרֹעִים		13
מֶלֶךְ מְלָכִים הַמְּלָכִים מַלְכֵי מַלְאֲכֵי שָׁלוֹם עֲלֵיכֶם	ל	14
אֶל עַל		15
שֶׁל שְׁלִישִׁי תְּהִלָּה תַּכְלִית		16
מַלְכֵי מַלְאֲכֵי	כ	17
מֶלֶךְ	ך	18
שִׁמְךָ עַמְּךָ		19

Unit 3

⇇ עֶלְיוֹן

Y	= י

1 יִ יֵ יֶ יַ יָ יוֹ

2 ײֶַ יויוֹ ײֶ עֶל עֶליוֹ עֶליוֹם

3 יוֹל יוֹךְ יוֹשׁ יוֹם יוֹמִי

4 יֵל יֵךְ יֵמ יֵם יֵר יֵת יֵשׁ

5 יַל יַךְ יַמ יַם יַמִים יַעַר

6 יֶל יַלֶל יֶךְ יֶם יֶת יֶשׁ לַיִם

7 יִל יִךְ יִם יִת יִשׁ מַיִם

8 יוֹם יָמִים מַיִם אַיָלוֹת יעָרוֹת

9 יוֹךְ יוֹשׁ יוֹל יוֹם יוֹם

10 עֶל עֶליוֹ עֶליוֹךְ עֶליוֹם עֶליוֹם

---

* י = Y (Yet)

← עֶלְיוֹן

עֶלְיוֹן ←   !

N = ן

1. ן   כֵּן   לִין   מִין   שִׁין   רוֹן   תֵּן   הֵן   הֵן

2. אָמֵן   אָמֵן   יָמִין   יָמִין   אֵין   אֵין   שֵׁן   שִׁין

3. הָמוֹן   הָמוֹן   אָמֵן   אָמֵן   יָמִין   יָמִין   יִתֵּן   יִתֵּן

4. יַן   יָן   יֵן   יוֹן   יוֹם   יוֹן   יוֹם   יוֹם   יוֹן

5. עֶ   עֵל   עָלָיו   עֵל   יוֹן   עֶלְיוֹן   עֶלְיוֹן   עֶלְיוֹן !

6. מַלְאֲכֵי עֶלְיוֹן   מַלְאֲכֵי עֶלְיוֹן   מַלְאֲכֵי עֶלְיוֹן

7. מַלְאֲכֵי הַשָּׁרֵת   מַלְאֲכֵי עֶלְיוֹן

8. שָׁלוֹם עֲלֵיכֶם מַלְאֲכֵי הַשָּׁרֵת מַלְאֲכֵי עֶלְיוֹן

9. מִמֶּלֶךְ מַלְכֵי הַמְּלָכִים . . . . . .

*

This form of the letter is used only at the end of a word.
Another form is used for the 'N' sound when it comes at the
beginning or in the middle of a word (see page 24).

בּוֹאֲכֶם !

בּ =	B

1 בְּ בִּי בֵּ בֵּי בֶּ בַּ בָּ בֹּ בּוֹ

2 בּוֹ בּוֹכִי בּוֹלִי בּוֹמִי בּוֹשִׁי בּוֹתִי

3 בּוֹ בּוֹא בּוֹאֲ בּוֹ אֲ כֶם בּוֹאֲכֶם !

4 בּוֹא בּוֹאִי בּוֹאִי בּוֹאִי

5 בּוֹא בּוֹא בּוֹאֲכ בּוֹ אֲכֶם בּוֹאֲכֶם
בּוֹאֲכֶם לְשָׁלוֹם

6 בּוֹאֲכֶם לְשָׁלוֹם מַלְאֲכֵי הַשָּׁלוֹם מַלְאֲכֵי עֶלְיוֹן

---

7 בּוֹאֲכֶם לְשָׁלוֹם מַלְאֲכֵי הַשָּׁלוֹם מַלְאֲכֵי עֶלְיוֹן

8 מִמֶּלֶךְ מַלְכֵי הַמְּלָכִים ...

9 שָׁלוֹם עֲלֵיכֶם מַלְאֲכֵי הַשָּׁרֵת מַלְאֲכֵי עֶלְיוֹן

10 מִמֶּלֶךְ מַלְכֵי הַמְּלָכִים ...

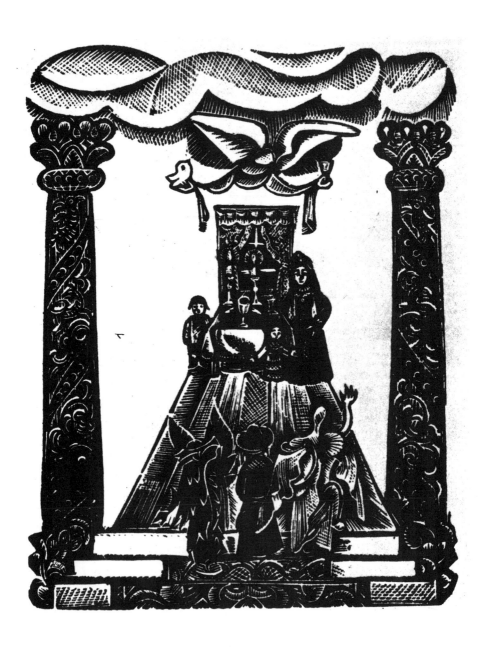

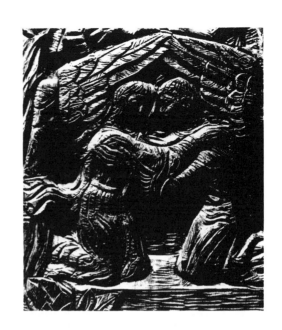

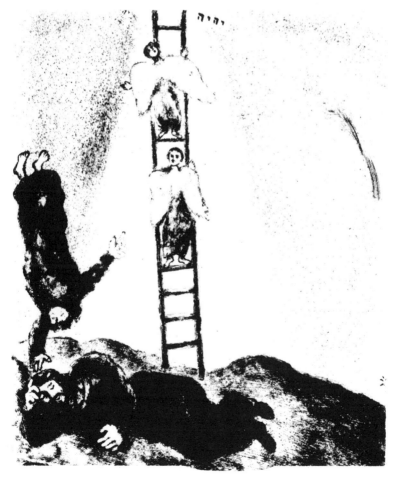

⇇ בָּרוּךְ בָּרוּךְ הוּא !

* וּ = ֻ = Oo

1 אוּ | עוּ | הוּ | כוּ | לוּ | מוּ | רוּ | שׁוּ | תוּ | יוּ

2 אֻ | עֻ | הֻ | כֻ | לֻ | מֻ | רֻ | שֻׁ | תֻ | יֻ

3 כוּ כוּ כוּ וּךְ וּךְ וּךְ

4 בָּר בָּר בָּר בָּרוּךְ בָּרוּךְ בָּרוּךְ

5 וּ וּךְ רוּךְ בָּרוּךְ בָּרוּךְ בָּרוּךְ !

6 וּ כוּ רְכוּ בָּרְכוּ בָּרְכוּ בָּרְכוּ

7 בָּרוּךְ בָּרְכוּ בָּרוּךְ בָּרְכוּ בָּרוּךְ בָּרְכוּ

8 וּ הוּ הוּא הוּא הוּא בָּרוּךְ הוּא !

9 בָּרוּךְ הוּא בָּרוּךְ שְׁמוֹ בָּרוּךְ ה׳ **

10 בָּרוּךְ מֶלֶךְ הָעוֹלָם בָּרוּךְ הוּא

11 בָּרְכוּ אֶת ה׳ בָּרְכוּ אֶת ה׳ לְעוֹלָם

12 בָּרוּךְ הוּא בָּרוּךְ בָּרוּךְ הוּא בָּרוּךְ

* וּ = ֻ = Oo (boot)

** ה׳ is a substitution for the Divine name. It is read HASHEM.

⇇ בָּרְכוּנִי !

נ = ן =	N

1 נְ נִי נֵ נֵי נֶ נַ נָ נֹ נוֹ נֻ נוּ

2 נִיךְ נִיל נִים נִין נִיר נִישׁ נִית

3 לוּנִי מוּנִי נוּנִי רוּנִי שׁוּנִי תוּנִי כוּנִי

4 כוּ כוּ נִי כוּנִי בָּ רְכוּ נִי בָּרְכוּנִי !

5 נִי נִי בָּרְכוּ בָּרְכוּנִי בָּרְכוּנִי

6 בָּרְכוּנִי בָּרְכוּנִי בָּרְכוּ בָּרְכוּ בָּרְכוּנִי

7 בָּרְכוּנִי לְשָׁלוֹם מַלְאֲכֵי הַשָּׁלוֹם

8 בָּרוּךְ בָּרוּךְ הוּא בָּרוּךְ בָּרוּךְ הוּא

---

9 בָּרְכוּנִי לְשָׁלוֹם מַלְאֲכֵי הַשָּׁלוֹם מַלְאֲכֵי עֶלְיוֹן

10 מִמֶּלֶךְ מַלְכֵי הַמְּלָכִים . . . בָּרוּךְ הוּא

Review and Expansion

א	ע	ה	כ	ך	ל	מ	ס	ר	שׂ	ת	תּ
בּ	י	נ	ן								
וּ	◌ֻ	◌ִ	◌ֵ	◌ִי	◌ֵי	◌ֶ	◌ַ	◌ָ	◌ֹ	וֹ	◌ְ

1 בּ | בּוֹאֲכֶם בָּרְכוּנִי בָּרוּךְ בָּרוּךְ הוּא

2 בּוֹאִי בָּרוּךְ ה׳ בָּרוּךְ הַבָּא

בְּרוּכִים הַבָּאִים בָּרוּךְ שְׁמוֹ

3 בָּרוּךְ ה׳ אֱלֹהֵינוּ מֶלֶךְ הָעוֹלָם

4 בַּר בַּת בְּרִית בְּרִית עוֹלָם בְּרִית שָׁלוֹם

5 שַׁבַּת שָׁלוֹם בּוֹרֵא בְּלִי בּוֹ בָּם בָּנוּ

6 בְּרָכָה בְּמָה רַבִּי בִּים בַּם בֵּינִי

7 י | עֶלְיוֹן יָמִים יָם יַעַר יַמִים מַיִם

8 אַיָּלוֹת יָמִין יִתֵּן יְרוּשָׁלַיִם

9 נ | בָּרְכוּנִי נְרַנְּנָה נָרִיעַ נָרִיעָה

נֵלְכָה נֶאֱמַר

10 נֵר נוֹרָא אֲנִי שֵׁנִי בֵּינִי אֱמוּנָה אֱמוּנֵי

11 בָּנוּ מִמֶּנּוּ יָמֵינוּ לִבֵּנוּ הִשְׁמִיעָנוּ

12 אוֹתָנוּ עָלֵינוּ אֱלֹהֵינוּ נוּן

Review and Expansion

1	וֹ	עֶלְיוֹן
2	ן	אָמֵן יָמִין הֲמוֹן יִתֵּן אֵין מִן
3	וּ	יְרוּשָׁלַיִם יְרֻשָׁלַיִם רוֹמְמוּ לְכוּ
4	וּ	בָּרוּךְ בָּרְכוּ בָּרְכוּנִי הוּא
5	מ	אָמֵן רוֹמְמוּ יָמֵינוּ יָמִין אֱמוּנָה
6	ם	בָּם בִּים בַּם מַיִם יְרוּשָׁלַיִם
7	ל	עֶלְיוֹן עָלֵינוּ לִבֵּנוּ יְרוּשָׁלַיִם
8	כ	בָּרְכוּ בָּרְכוּנִי בְּרוּכִים
9	ך	בָּרוּךְ בָּרוּךְ הַבָּא בָּרוּךְ הוּא
10	ר	רַבִּי בְּרָכָה בּוֹרֵא בְּרִית
11	נ	נְרַנְּנָה נָרִיעַ נָרִיעָה נֶאֱמַר
12	שׁ	שַׁבָּת שֵׁנִי יְרוּשָׁלַיִם
13	ת	שַׁבָּת בַּת בְּרִית

Unit 4

⇇ הַקָדוֹשׁ

Dalet	= ד

1 ד דִ דִי דֵ דֵי דֶ דַ דָ דֹ דוֹ דֻ דוּ

2 דִי דִיךְ דִיל דִים דִין דִיר דִית דִישׁ

3 דִישׁ דִישׁ אַדִישׁ עַדִישׁ הַדִישׁ

4 דוּ דוּךְ דוּל דוּם דוּן דוּר דוּת דוּשׁ

5 דוּשׁ דוּשׁ אִדוּשׁ עִדוּשׁ הִדוּשׁ

6 דוֹ דוֹךְ דוֹל דוֹם דוֹן דוֹר דוֹת דוֹשׁ

7 דוֹשׁ דוֹשׁ אָדוֹשׁ עָדוֹשׁ הָדוֹשׁ

← הַקָדוֹשׁ

הַקָדוּשׁ ← !

ק =	K

1 קִ קִי קֵי קֶ קַ קָ קֹ קוֹ קֻ קוּ

2 קַל קַם קַן קַר קַשׁ קַת קַד

3 קַד קַדְ קַד קַ דִישׁ קַדִישׁ

4 קִד קִד קִד קִ דוּשׁ קִדוּשׁ

5 קָל קָמ קָן קָר קָשׁ קָת קָד

6 קַדִישׁ קַדִישׁ קִדוּשׁ קִדוּשׁ

7 קָד קָד קָד קָ דוּשׁ קָדוּשׁ

8 קָדוּשׁ קָדוּשׁ קָדוּשׁ

9 הַקָדוּשׁ הַקָדוּשׁ הַקָדוּשׁ !

10 הַקָדוּשׁ בָּרוּךְ הוּא הַקָדוּשׁ בָּרוּךְ הוּא

---

11 בָּרְכוּנִי לְשָׁלוֹם מַלְאֲכֵי הַשָׁלוֹם מַלְאֲכֵי עֶלְיוֹן.

12 מִמֶּלֶךְ מַלְכֵי הַמְּלָכִים הַקָדוֹשׁ בָּרוּךְ הוּא

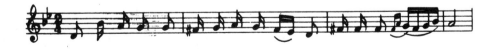

! צֵאתְכֶם ⇇

* **Tz = צ**

1 צְ צִי צֵ צֵי צֶ צַ צָ צֹ צוֹ צֻ צוּ

2 צֵ צֵא צֵד צֵךְ צֵל צֵם צֵנ צֵן

3 צֵע צֵק צֵר צֵשׁ צֵת

4 צֵ צֵא צֵא תְכֶם צֵאתְכֶם !

5 צֵא צֵא צֵא תְכֶם צֵאתְכֶם צֵאתְכֶם

---

6 צֵאתְכֶם לְשָׁלוֹם מַלְאֲכֵי הַשָּׁלוֹם מַלְאֲכֵי עֶלְיוֹן

7 מִמֶּלֶךְ מַלְכֵי הַמְּלָכִים הַקָּדוֹשׁ בָּרוּךְ הוּא

---

1 שָׁלוֹם עֲלֵיכֶם מַלְאֲכֵי הַשָּׁרֵת ...

3 בּוֹאֲכֶם לְשָׁלוֹם מַלְאֲכֵי הַשָּׁלוֹם ...

5 בָּרְכוּנִי לְשָׁלוֹם מַלְאֲכֵי הַשָּׁלוֹם ...

7 צֵאתְכֶם לְשָׁלוֹם מַלְאֲכֵי הַשָּׁלוֹם ...

---

* Tz (like Mitzvah or Tz'dakah) = צ

שָׁלוֹם עֲלֵיכֶם מַלְאֲכֵי הַשָּׁרֵת מַלְאֲכֵי עֶלְיוֹן 1

מִמֶּלֶךְ מַלְכֵי הַמְּלָכִים הַקָּדוֹשׁ בָּרוּךְ הוּא 2

בּוֹאֲכֶם לְשָׁלוֹם מַלְאֲכֵי הַשָּׁלוֹם מַלְאֲכֵי עֶלְיוֹן 3

מִמֶּלֶךְ מַלְכֵי הַמְּלָכִים הַקָּדוֹשׁ בָּרוּךְ הוּא 4

בָּרְכוּנִי לְשָׁלוֹם מַלְאֲכֵי הַשָּׁלוֹם מַלְאֲכֵי עֶלְיוֹן 5

מִמֶּלֶךְ מַלְכֵי הַמְּלָכִים הַקָּדוֹשׁ בָּרוּךְ הוּא 6

צֵאתְכֶם לְשָׁלוֹם מַלְאֲכֵי הַשָּׁלוֹם מַלְאֲכֵי עֶלְיוֹן 7

מִמֶּלֶךְ מַלְכֵי הַמְּלָכִים הַקָּדוֹשׁ בָּרוּךְ הוּא 8

Alphabetical Summary

א	אוּ	אֻ	אוֹ	אֹ	אָ	אַ	אִי	אִ	אֵי	אֵ	אֶ
ע	עוּ	עֻ	עוֹ	עֹ	עָ	עַ	עִי	עִ	עֵי	עֵ	עֶ
ה	הוּ	הֻ	הוֹ	הֹ	הָ	הַ	הִי	הִ	הֵי	הֵ	הֶ
בּ	בּוּ	בֻּ	בּוֹ	בֹּ	בָּ	בַּ	בִּי	בִּ	בֵּי	בֵּ	בֶּ
ד	דוּ	דֻ	דוֹ	דֹ	דָ	דַ	דִי	דִ	דֵי	דֵ	דֶ
ל	לוּ	לֻ	לוֹ	לֹ	לָ	לַ	לִי	לִ	לֵי	לֵ	לֶ
ק	קוּ	קֻ	קוֹ	קֹ	קָ	קַ	קִי	קִ	קֵי	קֵ	קֶ
ר	רוּ	רֻ	רוֹ	רֹ	רָ	רַ	רִי	רִ	רֵי	רֵ	רֶ
שׁ	שׁוּ	שֻׁ	שׁוֹ	שֹׁ	שָׁ	שַׁ	שִׁי	שִׁ	שֵׁי	שֵׁ	שֶׁ
ת	תוּ	תֻ	תוֹ	תֹ	תָ	תַ	תִי	תִ	תֵי	תֵ	תֶ
תּ	תּוּ	תֻּ	תּוֹ	תֹּ	תָּ	תַּ	תִּי	תִּ	תֵּי	תֵּ	תֶּ
כ	כוּ	כֻ	כוֹ	כֹ	כָ	כַ	כִי	כִ	כֵי	כֵ	כֶ
מ	מוּ	מֻ	מוֹ	מֹ	מָ	מַ	מִי	מִ	מֵי	מֵ	מֶ
נ	נוּ	נֻ	נוֹ	נֹ	נָ	נַ	נִי	נִ	נֵי	נֵ	נֶ
צ	צוּ	צֻ	צוֹ	צֹ	צָ	צַ	צִי	צִ	צֵי	צֵ	צֶ

⇇ בָּרוּךְ אַתָּה ה׳ !

תּ = ת =	T (see p. 17)

1 תָ תַ תֹ תוֹ תֻ תוּ תֶ תֵ תֵי תִ תִי

2 תָּ תַּ תֹּ תּוֹ תֻּ תּוּ תֶּ תֵּ תֵּי תִּ תִּי

3 שַׁבָּת נוֹתֵן אוֹת הִיא אוֹתוֹ אוֹתָנוּ

4 תָּמִיד נֵר תָּמִיד תּוֹרַת אֵל תַּכְלִית

ה =	H (see note on p. 10)

5 הַשַּׁבָּת הַקָּדוֹשׁ הַשָּׁלוֹם הַשָּׁרֵת הוּא

6 אֱלֹהִים אֱלֹהֵינוּ אֱלֹהֵיכֶם

7 הַתּוֹרָה הָיָה נוֹתֵן הַתּוֹרָה

8 אַתָּה בָּרוּךְ אַתָּה בָּרוּךְ אַתָּה ה׳ !

9 בָּרוּךְ אַתָּה ה׳ אֱלֹהֵינוּ מֶלֶךְ הָעוֹלָם

א	ע	ה	י	כ	ך	מ	ס	נ	ן	בּ	ל	ק
ר	שׁ	תּ	ת	ד	ק	צ						
ִ	ִי	ֵ	ֵי	ֶ	ַ	ָ	ֹ	וֹ	וּ	ֻ	ְ	

1	ד	קָדוֹשׁ
2		קִדוּשׁ קַדִישׁ קֹדֶשׁ דוֹדִי דִבּוּר
3		הָדָר הַדרַת קֹדֶשׁ אַדוֹן אַדוֹן עוֹלָם
4		לִמַדתָּ צֶדֶק צַדִיק
5	ק	קָדוֹשׁ
6		קֹדֶשׁ קִדוּשׁ קָדוֹשׁ קָדשׁוֹ
		קָדשְׁךָ קִדְשָׁנוּ קִדַשׁתָּ מְקַדֵשׁ
7		קוֹל קוֹל ה׳ בֶּהָדָר
8		לִקְרַאת לִקְרַאת שַׁבָּת
9		מָקוֹר מְקוֹר הַבְּרָכָה
10	צ	צֵאתְכֶם
11		מִצרַיִם יְצִיאַת מִצרַיִם
12		הַמוֹצִיא מַצָּה
13		צֶדֶק צַדִיק צַדִיקִים צְדָקָה
14		צִיוֹן רָצוֹן רְצֵה צִיצִית

Unit 5

בָּרוּךְ אַתָּה ה׳ אֱלֹהֵינוּ מֶלֶךְ הָעוֹלָם אֲשֶׁר קִדְּשָׁנוּ בְּמִצְוֹתָיו וְצִוָּנוּ לְהַדְלִיק נֵר שֶׁל שַׁבָּת

⇇ בּרוּךְ מלךְ לְהדְליק אֱלהינו אֲשר

The SH'VA ְ

* *Sounded* Sh'va

1 בְּרָכָה צְדָקָה בְּרִית שְׁמַע קְדוּשָּׁה

2 לְשָׁלוֹם לְכָה לְכוּ נְרַנְּנָה

3 מַ לְכֵי הַ מְלָ כִים בָּ רְכוּ נִי צֵאתְכֶם קִ דְשָׁנוּ

** *Silent* Sh'va

4 מַלְ אֲכֵי עֶלְ יוֹן

5 בָּרוּךְ! מֶלֶךְ!

Both

6 לְהַדְ לִיק! קָדְ שְׁךָ

The Sh'va shortens the vowel ◌ֳ ◌ֱ ◌ֲ

7 עֲלֵיכֶם מַלְאֲכֵי אֲדוֹן אֱלֹהֵינוּ! אֲשֶׁר!

8 בָּרוּךְ אַתָּה ה׳ אֱלֹהֵינוּ מֶלֶךְ הָעוֹלָם אֲשֶׁר...

---

* At the beginning of a syllable. See p. 12.

** At the end of a syllable.

וֹ =	O

1 שָׁלוֹם קָדוֹשׁ נוֹתֵן תּוֹרָה צִיּוֹן רָצוֹן

2 עוֹלָם לְעוֹלָם הַיּוֹם אוֹתָנוּ הַמּוֹצִיא

3 מַצּוֹת מַ צּוֹת מַ צָּה מַ צּוֹת מַ צּוֹת

⇇ וְצִוָּנוּ !

ו =	V

4 וָ וַ וִ וִי וֵ וֵי וֶ וֱ ווּ ווֹ וֹ וְ

5 וְשַׁבָּת וְרָצָה וְעַד וָעֶד

6 וְעַד עוֹלָם לְעוֹלָם וָעֶד וְאוֹתָנוּ

7 מְצַוְּךָ הַיּוֹם מִצְוָה מִצְווֹת

8 צִוָּה צִוָּנוּ וְצִוָּנוּ! וְצִוָּנוּ

9 צִוָּה מִצְוָה צִוָּה מִצְוָה צִוָּה מִצְוָה

10 מִצְוָה מִצְ וָה מִצְ וֹות בְּמִצְ וֹות

⇇ מִצְוֹת = מִצְווֹת!

When preceded by a Sh'va, וֹ as וו

1 מִצְוֹ = מִצְווֹ

2 מִצְוֹת = מִצְווֹת!

3 בְּמִצְוֹת = בְּמִצְווֹת

4 תּוֹרָה וּמִצְוֹת = תּוֹרָה וּמִצְווֹת

5 מִצְוֹת ה׳ = מִצְווֹת ה׳

⇇ בְּמִצְוֹתָיו ! *

6 בִּמְרוֹמָיו = בִּמְרוֹמָו שָׁלוֹם בִּמְרוֹמָיו

7 בְּמִצְוֹתָיו = בְּמִצְוֹתָו! קִדְּשָׁנוּ בְּמִצְוֹתָיו

8 אֲשֶׁר קִדְּשָׁנוּ בְּמִצְוֹתָיו

לְהַדְלִיק נֵר שֶׁל שַׁבָּת

1 בָּרוּךְ אַתָּה ה׳ אֱלֹהֵינוּ מֶלֶךְ הָעוֹלָם

2 אֲשֶׁר קִדְּשָׁנוּ בְּמִצְוֹתָיו וְצִוָּנוּ

3 לְהַדְלִיק נֵר שֶׁל שַׁבָּת

*In ָיו at end of a word, the י is silent. ָין = ָן

ליכט בענשען

LICHT BENSHEN

COMPOSED AND ARRANGED

BY

H. A. RUSSOTTO

PIANO 50¢ VIOLIN 30¢

PUBLISHED BY
THE HEBREW PUBL. CO.
632-4 BROADWAY
NEW YORK.

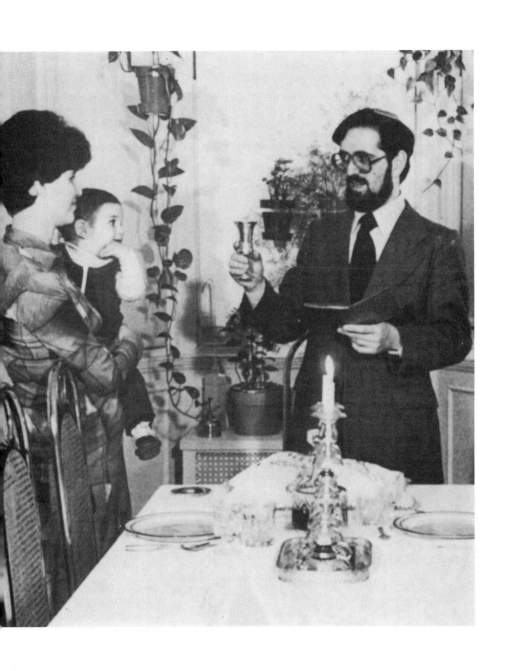

⇇ גֶּפֶן

*

G =	ג

1 גַ גָ גֶ גֵ גֵי גִ גִי גוּ גֻ גוֹ גֹ

2 גֹ גוֹ גוֹי גָדוֹל גִיל גֻלָה

3 גַל גַלִי גָלִיל גוֹאֵל גְאוּלָה

4 גִיל גִילָה גֵר גַג גַן גַם גְוִיָה

5 נָגִילָה גוֹי גָדוֹל גְדֻלָה יִגְדַל יִתְגַדַל

6 גוֹאֵל גוֹלֵל גְאוּלָה

7 לָתֵת גְדוּלָה לְיוֹצֵר בְּרֵאשִׁית

8 וְהוּא אֵלִי . . . גוֹאֲלִי . . . וְעִם . . . גְוִיָתִי

9 יִתְגַדַל וְיִתְקַדַשׁ שְׁמֵיהּ רַבָּא

---

* G (garden) = ג

← גֶּפֶן

! גֶפֶן ←

* Ph *Fay* = פ

1 פִ פִי פֵ פֵי פֶ פָ פַ פוֹ פֹ פוּ פֻ פְ

2 פֶ פֶ פֶ גֶ גֶ גֶ גֶ פֶן גֶפֶן ! גָפֶן הַגָפֶן

3 עָפָר הָפֵר לְפָנָיו תִּפְאָרָה תִּפְאֶרֶת תִּפְרוֹצִי

4 פָנָיו נְקַדְמָה פָנָיו בְּתוֹדָה

5 תִּפְאָרָה וְהוּא יִהְיֶה בְּתִפְאָרָה

6 תִּפְאֶרֶת לְשֵׁם וּלְתִפְאֶרֶת וְלִתְהִלָּה

7 פַרְעֹה וּנְקָמָה בְּפַרְעֹה

8 גֶפֶן הַגָפֶן בּוֹרֵא . . . הַגָפֶן

Ph = ף (Final פ)

---

9 גוּף אֵין לוֹ דְמוּת הַגוּף וְאֵינוֹ גוּף

---

* (Photo, photograph) = פ

⇆ פְּרִי, בּוֹרֵא פְּרִי הַגָּפֶן !

פּ	=	Pay	P

1 פִ פִי פֵ פֵי פֶ פָ פַ פוֹ פֹ פוּ פֻ פְ

2 פִּ פִּי פֵּ פֵּי פֶּ פָּ פַּ פּוֹ פֹּ פּוּ פֻּ פְּ

3 בְּאַפִּי אֲשֶׁר נִשְׁבַּעְתִּי בְּאַפִּי

4 פַּרְצִי עַל יַד אִישׁ בֶּן פַּרְצִי

5 פְּנֵי פְּנֵי שַׁבָּת נְקַבְּלָה

6 פַּרְעֹה

7 רִי פְּרִי ! פְּרִי הָאֲדָמָה

8 בּוֹרֵא פְּרִי הָאֲדָמָה

9 פְּרִי פְּרִי הַגֶּפֶן

10 בּוֹרֵא פְּרִי הַגָּפֶן !

בָּרוּךְ אַתָּה ה׳
אֱלֹהֵינוּ מֶלֶךְ הָעוֹלָם
בּוֹרֵא פְּרִי הַגָּפֶן

Unit 6

בְּאַהֲבָה וּבְרָצוֹן !

בּ =	B

בָּרוּךְ   בְּנֵי   שַׁבָּת

ב =	V

1 הַמְבוֹרָךְ   וּבְנֵי   שָׁבַת

2 בָּרוּךְ הַמְבוֹרָךְ   בְּנֵי וּבְנֵי   שַׁבָּת שָׁבַת

3 בָּרְכוּ אֶת ה׳ הַמְבוֹרָךְ

4 בָּרוּךְ ה׳ הַמְבוֹרָךְ לְעוֹלָם וָעֶד

5 מְקַדֵּשׁ הַשַּׁבָּת

6 וּבַיּוֹם הַשְּׁבִיעִי שָׁבַת

7 בַּיּוֹם וּבַיּוֹם   בֵּינִי וּבֵין

8 בְּאַהֲבָה   וּבְרָצוֹן !

9 בְּרָצוֹן   וּבְרָצוֹן

10 אַהֲבָה   בְּאַהֲבָה

11 בָּנוּ   בָנוּ   וְרָצָה בָנוּ

12 בְּרֵאשִׁית   בְרֵאשִׁית

13 בָנוּ   אֲשֶׁר קִדְּשָׁנוּ בְּמִצְוֹתָיו וְרָצָה בָנוּ

14 בְּאַהֲבָה וּבְרָצוֹן וְשַׁבָּת קָדְשׁוֹ בְּאַהֲבָה וּבְרָצוֹן ...

15 וְשַׁבַּת קָדְשְׁךָ בְּאַהֲבָה וּבְרָצוֹן . . .

⇇ הִנְחִילָנוּ הִנְחַלְתָּנוּ !

*Ḥ = Ch	= ח

1 חַ חָ חִ חִי חֵ חֵי חֹ חוֹ חֻ חוּ חֶ

2 חַי חַיִים לְחַיִים תּוֹרַת חַיִים אֵל חַי **

3 חַלָּה לֶחֶם מְנוּחָה אֶחָד

4 הִנְחִילָנוּ ! הִנְחַלְתָּנוּ ! תְּחִלָּה בָּחַרְתָּ

5 בְּאַהֲבָה וּבְרָצוֹן הִנְחִילָנוּ

6 בְּאַהֲבָה וּבְרָצוֹן הִנְחַלְתָּנוּ

7 תְּחִלָּה הוּא יוֹם תְּחִלָּה לְמִקְרָאֵי קֹדֶשׁ

8 בָּחַרְתָּ בָנוּ בָחַרְתָּ בָנוּ בָחַרְתָּ וְאוֹתָנוּ קִדַּשְׁתָּ

9 וְשַׁבַּת קָדְשׁוֹ	וְשַׁבַּת קָדְשְׁךָ
10 בְּאַהֲבָה וּבְרָצוֹן	בְּאַהֲבָה וּבְרָצוֹן
11 הִנְחִילָנוּ	הִנְחַלְתָּנוּ

* Ḥ = Ch like in Chai or L'chayim = ח

** When the letter י follows ָ or ַ *at the end of a word,* it is pronounced "eye" as in tie or pie.

דְרָכַי יִשַׁי מִצְוֹתַי מִצְוֹתָי

⇇ כִּי, מִכָּל !

K	= כּ *

1 כְּ כֶּ כֵּי כּ כּוֹ כֻּ כוּ כַּ כָּ כֶּ כְּ

2 כִּי ! מִכָּל !

3 כַּלָּה לִקְרַאת כַּלָּה לְכָה דוֹדִי לִקְרַאת כַּלָּה

4 כָּבוֹד

5 כְּבוֹד כְּבוֹד מַלְכוּתוֹ

6 כָּמֹכָה מִי כָּמֹכָה

7 חֲנֻכָּה נֵר שֶׁל חֲנֻכָּה

8 כִּי כִּי הֵם חַיֵּינוּ

9 כִּי הוּא יוֹם תְּחִלָּה

10 כִּי הוּא יוֹם תְּחִלָּה לְמִקְרָאֵי קֹדֶשׁ

11 מִכָּל מִכָּל הָעַמִּים

12 כִּי כִּי בָנוּ בָחַרְתָּ

13 כִּי בָנוּ בָחַרְתָּ מִכָּל הָעַמִּים

ק	כּ	כ	ח	ה
לִקְרַאת	כַּלָּה	כַלָּה	חַלָּה	הַלֵּל
קָדוֹשׁ	כָּמוֹכָה	כָמוֹכָה	חַי	הָיָה
קוֹל	כָּל	כְּכָל	יָחִיל	אֱלֹהִים

* ק = K כּ = K

כ = Ch or Kh ח = Ḥ or Ch

לְמַעֲשֶׂה ← !

שׁ =	Sh

1 שְׁמַע שַׁבָּת שָׁלוֹם

שׂ =	S

2 יִשְׂרָאֵל יִשְׂרָאֵל יִשְׂרָאֵל

3 שְׁמַע יִשְׂרָאֵל ה׳ אֱלֹהֵינוּ ה׳ אֶחָד

4 עַם יִשְׂרָאֵל חַי

שׁ

קָדֵשׁ

5 קָדוֹשׁ הַקָּדוֹשׁ בָּרוּךְ הוּא

6 שַׁבָּת שַׁבָּת קֹדֶשׁ

7 שַׁבַּת קָדְשׁוֹ שַׁבַּת קָדְשְׁךָ

8 מִקְרָאֵי קֹדֶשׁ

9 מְקַדֵּשׁ הַשַּׁבָּת וַיְקַדֵּשׁ אוֹתוֹ

10 מְקַדְּשֵׁי שְׁמֶךָ

11 קַדְּשֵׁנוּ בְּמִצְוֹתֶיךָ

12 קִדְּשָׁנוּ בְּמִצְוֹתָיו

13 קִדּוּשׁ

שׂ

עָשָׂה

14 . . . לְמַעֲשֵׂה בְרֵאשִׁית !

15 מְלַאכְתּוֹ אֲשֶׁר עָשָׂה

16 שֵׁשֶׁת יָמִים עָשָׂה ה׳

17 אֲשֶׁר בָּרָא אֱלֹהִים לַעֲשׂוֹת

18 לַעֲשׂוֹת אֶת הַשַּׁבָּת

19 לְעֵת נַעֲשָׂה

20 שֶׁלֹּא עָשָׂנוּ . . . הָאֲרָצוֹת

← זִכָּרוֹן ← זֵכֶר !

ז	=	Z

1 זַ זָ זוּ זֻ זוֹ זֹ זִי זִ זֵי זֵ זֶ זְ

2 זַ אֲנִי אֲנִי מֶלֶךְ שְׁמוֹ נִקְרָא

3 זוּ מְזוּזָה וּכְתַבְתָּם עַל מְזוּזוֹת בֵּיתֶךָ

4 זָ זָרוּעַ אוֹר זָרוּעַ לַצַּדִּיק

5 זָכוֹר זָכוֹר וְשָׁמוֹר בְּדִבּוּר אֶחָד

6 זִ זִכָּרוֹן זִכָּרוֹן לְמַעֲשֵׂה בְרֵאשִׁית !

7 זֵ זֵכֶר זֵכֶר לִיצִיאַת מִצְרַיִם !

8 זְ מִזְמוֹר מִזְמוֹר שִׁיר לְיוֹם הַשַּׁבָּת

9 זְמִירוֹת בִּזְמִירוֹת נָרִיעַ לוֹ

10 זְמַן בַּעֲגָלָא וּבִזְמַן קָרִיב

11 ז אֶרֶז כְּאֶרֶז בַּלְּבָנוֹן יִשְׂגֶּה

12 ז עוֹז ה׳ עוֹז לְעַמּוֹ יִתֵּן

13 יַעֲלֹז שָׂדַי וְכָל אֲשֶׁר בּוֹ

14 אָז יְרַנְּנוּ כָּל עֲצֵי יָעַר

15 זִכָּרוֹן זִכָּרוֹן זִכָּרוֹן לְמַעֲשֵׂה בְרֵאשִׁית

16 זֵכֶר זֵכֶר זֵכֶר לִיצִיאַת מִצְרַיִם

17 מְזוּזָה חַזָּן מַחְזוֹר

Page . . .
(in the prayerbook)

קִדּוּשׁ

* בָּרוּךְ אַתָּה יְיָ אֱלֹהֵינוּ מֶלֶךְ הָעוֹלָם בּוֹרֵא פְּרִי הַגָּפֶן:

בָּרוּךְ אַתָּה יְיָ אֱלֹהֵינוּ מֶלֶךְ הָעוֹלָם אֲשֶׁר קִדְּשָׁנוּ
בְּמִצְוֹתָיו וְרָצָה בָנוּ. וְשַׁבַּת קָדְשׁוֹ בְּאַהֲבָה וּבְרָצוֹן
הִנְחִילָנוּ זִכָּרוֹן לְמַעֲשֵׂה בְרֵאשִׁית. כִּי הוּא יוֹם תְּחִלָּה
לְמִקְרָאֵי קֹדֶשׁ זֵכֶר לִיצִיאַת מִצְרָיִם. כִּי־בָנוּ בָחַרְתָּ
וְאוֹתָנוּ קִדַּשְׁתָּ מִכָּל־הָעַמִּים וְשַׁבַּת קָדְשְׁךָ בְּאַהֲבָה
וּבְרָצוֹן הִנְחַלְתָּנוּ. בָּרוּךְ אַתָּה יְיָ. מְקַדֵּשׁ הַשַּׁבָּת:

1 קִדְּשָׁנוּ בְּמִצְוֹתָיו

2 וְשַׁבַּת קָדְשׁוֹ

3 לְמִקְרָאֵי קֹדֶשׁ

4 וְאוֹתָנוּ קִדַּשְׁתָּ

5 וְשַׁבַּת קָדְשְׁךָ

6 מְקַדֵּשׁ הַשַּׁבָּת

---

7 בְּאַהֲבָה וּבְרָצוֹן בְּאַהֲבָה וּבְרָצוֹן

8 הִנְחִילָנוּ הִנְחַלְתָּנוּ

---

9 זִכָּרוֹן לְמַעֲשֵׂה בְרֵאשִׁית

10 זֵכֶר לִיצִיאַת מִצְרָיִם

---

* יְיָ In actual prayer, the Divine Name is pronounced *Adonai*, and may be spelled by prayerbooks in three different ways.

Unit 7

טֹטָפֹת ⇇ !

ט = T

1 ט טֶ טִי טִ טֵי טֵ טַ טָ טוֹ טֹ טוּ טֻ

2 טֶ טֶרֶם —בְּטֶרֶם כָּל יְצִיר נִבְרָא

3 טִי מִשְׁפָּטִים —תּוֹרָה וּמִצְוֹת חֻקִּים

וּמִשְׁפָּטִים אוֹתָנוּ לִמַּדְתָּ

4 ט לִשְׁפּוֹט —כִּי בָא לִשְׁפּוֹט הָאָרֶץ

5 יִשְׁפּוֹט תֵּבֵל בְּצֶדֶק וְעַמִּים בֶּאֱמוּנָתוֹ

6 טוּ טוּבֶךָ —שַׂבְּעֵנוּ מִטּוּבֶךָ

7 טַ טַהֵר —וְטַהֵר לִבֵּנוּ לְעָבְדְּךָ בֶּאֱמֶת

8 טוֹ טֹ —טוֹטָפוֹת = טֹטָפֹת !

9 וְהָיוּ לְטוֹטָפוֹת בֵּין עֵינֵיכֶם

	ט	ת	תּ
11	טַלִּית		תּוֹרָה
12	טוֹטָפוֹת		גֵר תָּמִיד תְּפִלִּין
13	טוֹב טוֹבָה	אֱמֶת	
14	טַהֲרָה	בְּרִית	

שְׁמַע

1	ב	כְּבוֹד וְאָהַבְתָּ לְבָבְךָ וּבְכֹל וּבְכָל הַדְּבָרִים לְבָבֶךָ
2	*	לְבָנֶיךָ בְּשִׁבְתְּךָ בְּבֵיתֶךָ וּבְלֶכְתְּךָ בַדֶּרֶךְ וּבְשָׁכְבְּךָ
		וּבְקוּמֶךָ
3	בּ	וְדִבַּרְתָּ בָּם בְּשִׁבְתְּךָ בְּבֵיתֶךָ בֵּיתֶךָ
4	ד	בָּרוּךְ אֱלֹהֶיךָ לְבָבְךָ נַפְשְׁךָ מְאֹדֶךָ מְצַוְּךָ לְבָבֶךָ
5		לְבָנֶיךָ בְּשִׁבְתְּךָ בְּבֵיתֶךָ וּבְלֶכְתְּךָ בַדֶּרֶךְ וּבְשָׁכְבְּךָ
		וּבְקוּמֶךָ
6	*	יָדֶךָ עֵינֶיךָ בֵּיתֶךָ וּבִשְׁעָרֶיךָ
7	מ,ם	שֵׁם מַלְכוּתוֹ לְעוֹלָם מְאֹדֶךָ הַדְּבָרִים מְצַוְּךָ הַיּוֹם
8		וְשִׁנַּנְתָּם בָּם וּקְשַׁרְתָּם וּכְתַבְתָּם
9	ו	וָעֶד וְאָהַבְתָּ וְהָיוּ מְצַוְּךָ וְשִׁנַּנְתָּם וְדִבַּרְתָּ וְהָיוּ
10	וּ	וּבְכֹל וּבְכָל וּבְלֶכְתְּךָ וּבְשָׁכְבְּךָ
11		וּבְקוּמֶךָ וּקְשַׁרְתָּם וּכְתַבְתָּם וְהָיוּ וְהָיוּ
12		בָּרוּךְ מַלְכוּתוֹ מְזֻזוֹת

---

* בָּנֶיךָ = בָּנֶךָ

בִּשְׁעָרֶיךָ = בִּשְׁעָרֶךָ

עֵינֶיךָ = עֵינֶךָ

שְׁמַע יִשְׂרָאֵל

1   שְׁמַע יִשְׂרָאֵל

ה׳ אֱלֹהֵינוּ — ה׳ אֶחָד

2   בָּרוּךְ שֵׁם כְּבוֹד מַלְכוּתוֹ — לְעוֹלָם וָעֶד

3   וְאָהַבְתָּ אֵת ה׳ אֱלֹהֶיךָ

בְּכָל לְבָבְךָ וּבְכָל נַפְשְׁךָ וּבְכָל מְאֹדֶךָ

4   וְהָיוּ הַדְּבָרִים הָאֵלֶּה

אֲשֶׁר אָנֹכִי מְצַוְּךָ הַיּוֹם — עַל לְבָבֶךָ

5   וְשִׁנַּנְתָּם לְבָנֶיךָ

6   וְדִבַּרְתָּ בָּם

בְּשִׁבְתְּךָ בְּבֵיתֶךָ

וּבְלֶכְתְּךָ בַדֶּרֶךְ

וּבְשָׁכְבְּךָ וּבְקוּמֶךָ

7   וּקְשַׁרְתָּם

לְאוֹת עַל יָדֶךָ

וְהָיוּ לְטֹטָפֹת בֵּין עֵינֶיךָ

8   וּכְתַבְתָּם

עַל מְזֻזוֹת בֵּיתֶךָ וּבִשְׁעָרֶיךָ

אֶחָד

1 יִשְׂרָאֵל   עַם יִשְׂרָאֵל   אֶרֶץ יִשְׂרָאֵל

2 אֶחָד   אֶחָד   אֶחָד   אֶחָד

3 אֶחָד מִי יוֹדֵעַ?

4 אֶחָד אֲנִי יוֹדֵעַ

5 אֶחָד אֱלֹהֵינוּ שֶׁבַּשָּׁמַיִם וּבָאָרֶץ

6 ה׳ אֶחָד וּשְׁמוֹ אֶחָד

שְׁמַע

שְׁמַע יִשְׂרָאֵל יְיָ אֱלֹהֵינוּ יְיָ אֶחָד:

בָּרוּךְ שֵׁם כְּבוֹד מַלְכוּתוֹ לְעוֹלָם וָעֶד:

וְאָהַבְתָּ אֵת יְיָ אֱלֹהֶיךָ בְּכָל־לְבָבְךָ וּבְכָל־נַפְשְׁךָ וּבְכָל־מְאֹדֶךָ: וְהָיוּ הַדְּבָרִים הָאֵלֶּה אֲשֶׁר אָנֹכִי מְצַוְּךָ הַיּוֹם עַל־לְבָבֶךָ: וְשִׁנַּנְתָּם לְבָנֶיךָ וְדִבַּרְתָּ בָּם בְּשִׁבְתְּךָ בְּבֵיתֶךָ וּבְלֶכְתְּךָ בַדֶּרֶךְ וּבְשָׁכְבְּךָ וּבְקוּמֶךָ: וּקְשַׁרְתָּם לְאוֹת עַל־יָדֶךָ וְהָיוּ לְטֹטָפֹת בֵּין עֵינֶיךָ: וּכְתַבְתָּם עַל־מְזֻזוֹת בֵּיתֶךָ וּבִשְׁעָרֶיךָ:

⇇ נְסוּכָה, סוֹף, סְגֻלָּה. !

ס	=	(ס = שׂ)	S

1 ס סִי סִ סֵי סֵ סֶ סַ סָ סֹ סוֹ סֻ סוּ סְ

2 סָ סוֹ סוּ סְ סְגֻלָּה סוֹ סוֹף ! סוּ נְסוּכָה !

3 סְגֻלָּה ! עַם סְגֻלָּה

4 סוֹף סוֹף מַעֲשֶׂה סוֹף מַעֲשֶׂה בְּמַחֲשָׁבָה תְּחִלָּה

5 נְסוּכָה מֵרֹאשׁ מִקֶּדֶם נְסוּכָה

6 נִסִּי מָנוֹס וְהוּא נִסִּי וּמָנוֹס לִי

7 כּוֹסִי מְנָת כּוֹסִי

8 סֻכָּה הַפּוֹרֵשׂ סֻכַּת שָׁלוֹם

ח A letter revisited Ḥ=Ch

9 בְּדִבּוּר אֶחָד אֵל הַמְיוּחָד ה׳ אֶחָד וּשְׁמוֹ אֶחָד

10 בְּמַחֲשָׁבָה תְּחִלָּה וְנִשְׂמְחָה וְנָגִילָה

11 חָדָשׁ שִׁיר חָדָשׁ אוֹר חָדָשׁ

12 יִפְרָח צַדִּיק כַּתָּמָר יִפְרָח

13 חַי חַיִּים לְחַיִּים הֵם חַיֵּינוּ שֶׁהֶחֱיָנוּ

14 שֶׁהֶחֱיָנוּ וְקִיְּמָנוּ וְהִגִּיעָנוּ לַזְּמַן הַזֶּה

לְכָה דוֹדִי

Rhymes

כַּלָּה	וְנֵלְכָה
נְקַבְּלָה	הַבְּרָכָה
וְלִתְהִלָּה	נְסוּכָה
תְּחִלָּה	תִּפְרוֹצִי
וְנָגִילָה	תַּעֲרִיצִי
כַּלָּה	בֶּן פַּרְצִי
אֶחָד	בַּעְלָהּ
הַמְיוּחָד	וּבְצָהֳלָה
אֶחָד	סְגֻלָּה

Matching Ideas

1	לְכָה דוֹדִי	לְכוּ וְנֵלְכָה
2	לִקְרַאת כַּלָּה	לִקְרַאת שַׁבָּת
3	דִּבּוּר אֶחָד	אֶל הַמְיוּחָד
4	ה׳ אֶחָד	וּשְׁמוֹ אֶחָד
5	וְנִשְׂמְחָה וְנָגִילָה	בְּשִׂמְחָה וּבְצָהֳלָה
6	בּוֹאִי כַלָּה	בּוֹאִי כַלָּה

לְכָה דוֹדִי

לְכָה דוֹדִי לִקְרַאת כַּלָּה פְּנֵי שַׁבָּת נְקַבְּלָה:

שָׁמוֹר וְזָכוֹר בְּדִבּוּר אֶחָד
הִשְׁמִיעָנוּ אֵל הַמְיֻחָד
יְיָ אֶחָד וּשְׁמוֹ אֶחָד
לְשֵׁם וּלְתִפְאֶרֶת וְלִתְהִלָּה: לכה דודי . . .

לִקְרַאת שַׁבָּת לְכוּ וְנֵלְכָה
כִּי הִיא מְקוֹר הַבְּרָכָה
מֵרֹאשׁ מִקֶּדֶם נְסוּכָה
סוֹף מַעֲשֶׂה בְּמַחֲשָׁבָה תְּחִלָּה: לכה דודי . . .

יָמִין וּשְׂמֹאל תִּפְרֹצִי
וְאֶת יְיָ תַּעֲרִיצִי
עַל יַד אִישׁ בֶּן פַּרְצִי
וְנִשְׂמְחָה וְנָגִילָה: לכה דודי . . .

בּוֹאִי בְשָׁלוֹם עֲטֶרֶת בַּעְלָהּ
גַּם בְּשִׂמְחָה וּבְצָהֳלָה
תּוֹךְ אֱמוּנֵי עַם סְגֻלָּה
בּוֹאִי כַלָּה בּוֹאִי כַלָּה: לכה דודי . . .

S.Sulzer

Unit 8

* | וְ is a special letter

1 וְיִתְקַדַּשׁ וְיַמְלִיךְ וְיִשְׁתַּבַּח וְיִתְפָּאַר וְיִתְרוֹמַם

2 וְיִתְנַשֵּׂא וְיִתְהַדַּר וְיִתְעַלֶּה וְיִתְהַלַּל

3 וְשִׁירָתָא וְנֶחֱמָתָא וְאִמְרוּ

4 וְחַיִּים וְעַל וְאִמְרוּ וְעַל וְאִמְרוּ

* ו means "and" when it is attached to the beginning of a word.

קַדִּישׁ

Page . . . .

יִתְגַּדַּל וְיִתְקַדַּשׁ שְׁמֵהּ רַבָּא. בְּעָלְמָא דִּי בְרָא
כִרְעוּתֵהּ וְיַמְלִיךְ מַלְכוּתֵהּ בְּחַיֵּיכוֹן וּבְיוֹמֵיכוֹן וּבְחַיֵּי
דְכָל בֵּית יִשְׂרָאֵל בַּעֲגָלָא וּבִזְמַן קָרִיב וְאִמְרוּ אָמֵן:

יְהֵא שְׁמֵהּ רַבָּא מְבָרַךְ לְעָלַם וּלְעָלְמֵי עָלְמַיָּא:

יִתְבָּרַךְ וְיִשְׁתַּבַּח וְיִתְפָּאַר וְיִתְרֹמַם וְיִתְנַשֵּׂא וְיִתְהַדַּר
וְיִתְעַלֶּה וְיִתְהַלַּל שְׁמֵהּ דְּקֻדְשָׁא. בְּרִיךְ הוּא. לְעֵלָּא
(וּלְעֵלָּא) מִן כָּל בִּרְכָתָא וְשִׁירָתָא תֻּשְׁבְּחָתָא וְנֶחֱמָתָא
דַּאֲמִירָן בְּעָלְמָא. וְאִמְרוּ אָמֵן:

יְהֵא שְׁלָמָא רַבָּא מִן שְׁמַיָּא וְחַיִּים עָלֵינוּ וְעַל כָּל־
יִשְׂרָאֵל וְאִמְרוּ אָמֵן:

עֹשֶׂה שָׁלוֹם בִּמְרוֹמָיו הוּא יַעֲשֶׂה שָׁלוֹם עָלֵינוּ וְעַל
כָּל־יִשְׂרָאֵל וְאִמְרוּ אָמֵן:

⇇ אֶרֶץ !

* צ = ץ =	Tz

1 עֵץ חָמֵץ אֶרֶץ !

2 עֵץ חַיִּים עֵץ חַיִּים הִיא בּוֹרֵא פְּרִי הָעֵץ

3 אֶרֶץ אֶרֶץ אֲבוֹתֵינוּ אַרְצֵנוּ אַרְצִי הָאֲרָצוֹת

4 אַרְצָה אַרְצָה עָלֵינוּ

5 בְּרֵאשִׁית בָּרָא אֱלֹהִים אֵת הַשָּׁמַיִם וְאֵת הָאָרֶץ

6 לֶחֶם מִן הָאָרֶץ הַמּוֹצִיא לֶחֶם מִן הָאָרֶץ

7 לֶחֶם חָמֵץ וּמַצָּה

8 בָּרוּךְ אַתָּה יְיָ

9 אֱלֹהֵינוּ מֶלֶךְ הָעוֹלָם

10 הַמּוֹצִיא לֶחֶם מִן הָאָרֶץ

11 וַיְכֻלּוּ הַשָּׁמַיִם וְהָאָרֶץ

12 כִּי שֵׁשֶׁת יָמִים עָשָׂה ה׳ אֶת הַשָּׁמַיִם וְאֶת הָאָרֶץ

---

* צ is used at the beginning or in the middle of a word.
ץ is used only at the end of a word.

ברוך אתה י״י אלהינו מלך העולם המ
וציא לחם מן הארץ
Marianna. Kirschstein.

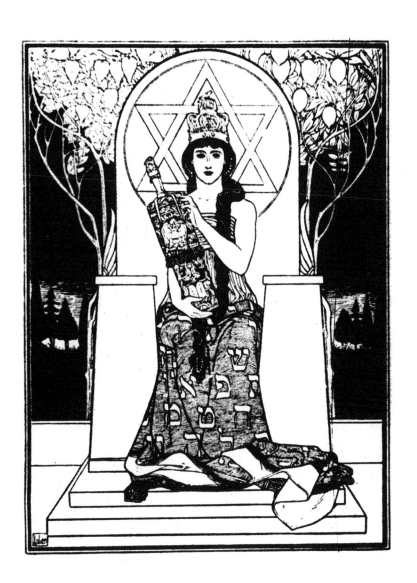

Phrases from the Prayerbook

שׁ שׂ

1 שְׁמַע יִשְׂרָאֵל

2 שַׂמְּחֵנוּ בִּישׁוּעָתֶךָ

3 יִשְׂמְחוּ הַשָּׁמַיִם

4 בַּשְּׂרוּ מִיּוֹם לְיוֹם יְשׁוּעָתוֹ

5 יַעֲלוֹז שָׂדַי וְכָל אֲשֶׁר בּוֹ

6 שֶׁלֹּא עָשָׂנוּ כְּגוֹיֵי הָאֲרָצוֹת

7 וְלֹא שָׂמָנוּ כְּמִשְׁפְּחוֹת הָאֲדָמָה

8 שֶׁלֹּא שָׂם חֶלְקֵנוּ כָּהֶם

9 שֵׁשֶׁת יָמִים עָשָׂה ה׳

10 מִכָּל מְלַאכְתּוֹ אֲשֶׁר עָשָׂה

11 וְשָׁמְרוּ בְנֵי יִשְׂרָאֵל אֶת הַשַּׁבָּת

שׁ	שׂ
12 שִׁירוּ לַה׳ שִׁיר חָדָשׁ	16 שִׂמְחוּ צַדִּיקִים בַּה׳
13 וְהִשְׁתַּחֲווּ לְהַר קָדְשׁוֹ	17 כְּאֶרֶז בַּלְּבָנוֹן יִשְׂגֶּה
14 שָׁמוֹר וְזָכוֹר	18 שַׂבְּעֵנוּ מִטּוּבֶךָ
15 וַיִּשְׁבּוֹת בַּיּוֹם הַשְּׁבִיעִי	19 יָמִין וּשְׂמֹאל תִּפְרוֹצִי

Phrases from the Prayerbook

בּ ב

1 וּלְיִשְׁרֵי לֵב שִׂמְחָה
בְּשִׂמְחָה וּבְצָהֳלָה

2 כְּאֶרֶז בַּלְּבָנוֹן יִשְׂגֶּה
בְּחַצְרוֹת אֱלֹהֵינוּ יַפְרִיחוּ
עוֹד יְנוּבוּן בְּשֵׂיבָה

3 בְּעָלְמָא דִּי בְרָא כִרְעוּתֵיהּ
בְּחַיֵּיכוֹן וּבְיוֹמֵיכוֹן

4 לְעֵת נַעֲשָׂה בְחֶפְצוֹ כֹּל
לְבַדּוֹ יִמְלוֹךְ
וְצוּר חֶבְלִי בְּעֵת צָרָה

5 וְאָהַבְתָּ אֵת ה׳ אֱלֹהֶיךָ

וַיְכֻלּוּ וְשָׁמְרוּ

Recurrent Phrases

1 וַיְכֻלּוּ וַיְכַל וְכָל מִכָּל

2 הַשָּׁמַיִם וְהָאָרֶץ

אֶת הַשָּׁמַיִם וְאֵת הָאָרֶץ

3 אֱלֹהִים אֱלֹהִים אֱלֹהִים

4 בַּיּוֹם הַשְּׁבִיעִי בַּיּוֹם הַשְּׁבִיעִי

אֶת יוֹם הַשְּׁבִיעִי וּבַיּוֹם הַשְּׁבִיעִי

5 מְלַאכְתּוֹ אֲשֶׁר עָשָׂה

מִכָּל מְלַאכְתּוֹ אֲשֶׁר עָשָׂה

מִכָּל מְלַאכְתּוֹ אֲשֶׁר בָּרָא אֱלֹהִים לַעֲשׂוֹת

לַעֲשׂוֹת אֶת הַשַּׁבָּת

כִּי שֵׁשֶׁת יָמִים עָשָׂה ה׳

6 וַיִּשְׁבֹּת בַּיּוֹם הַשְּׁבִיעִי

כִּי בוֹ שָׁבַת וּבַיּוֹם הַשְּׁבִיעִי שָׁבַת

7 וְשָׁמְרוּ אֶת הַשַּׁבָּת לַעֲשׂוֹת אֶת הַשַּׁבָּת

8 וְשָׁמְרוּ בְנֵי יִשְׂרָאֵל וּבֵין בְּנֵי יִשְׂרָאֵל

9 בֵּינִי וּבֵין

10 בְּרִית עוֹלָם אוֹת הִיא לְעֹלָם

וַיְכֻלּוּ

Page . . . .

וַיְכֻלּוּ הַשָּׁמַיִם וְהָאָרֶץ וְכָל־צְבָאָם:

וַיְכַל אֱלֹהִים בַּיּוֹם הַשְּׁבִיעִי מְלַאכְתּוֹ אֲשֶׁר עָשָׂה

וַיִּשְׁבֹּת בַּיּוֹם הַשְּׁבִיעִי מִכָּל־מְלַאכְתּוֹ אֲשֶׁר עָשָׂה:

וַיְבָרֶךְ אֱלֹהִים אֶת־יוֹם הַשְּׁבִיעִי וַיְקַדֵּשׁ אֹתוֹ.

כִּי בוֹ שָׁבַת מִכָּל־מְלַאכְתּוֹ אֲשֶׁר־בָּרָא אֱלֹהִים לַעֲשׂוֹת:

וְשָׁמְרוּ

Page . . . .

וְשָׁמְרוּ בְנֵי־יִשְׂרָאֵל אֶת־הַשַּׁבָּת

לַעֲשׂוֹת אֶת־הַשַּׁבָּת לְדֹרֹתָם בְּרִית עוֹלָם:

בֵּינִי וּבֵין בְּנֵי יִשְׂרָאֵל אוֹת הִיא לְעֹלָם

כִּי־שֵׁשֶׁת יָמִים עָשָׂה יְיָ אֶת־הַשָּׁמַיִם וְאֶת־הָאָרֶץ

וּבַיּוֹם הַשְּׁבִיעִי שָׁבַת וַיִּנָּפַשׁ:

Partial Alphabetical Summary

ז	זוּ	זֻ	זוֹ	זֹ	זָ	זַ	זִי	זִ	זֵי	זֵ	זֶ
ג	גוּ	גֻ	גוֹ	גֹ	גָ	גַ	גִי	גִ	גֵי	גֵ	גֶ
פּ	פּוּ	פֻּ	פּוֹ	פֹּ	פָּ	פַּ	פִּי	פִּ	פֵּי	פֵּ	פֶּ
פ	פוּ	פֻ	פוֹ	פֹ	פָ	פַ	פִי	פִ	פֵי	פֵ	פֶ
תּ	תּוּ	תֻּ	תּוֹ	תֹּ	תָּ	תַּ	תִּי	תִּ	תֵּי	תֵּ	תֶּ
ת	תוּ	תֻ	תוֹ	תֹ	תָ	תַ	תִי	תִ	תֵי	תֵ	תֶ
ט	טוּ	טֻ	טוֹ	טֹ	טָ	טַ	טִי	טִ	טֵי	טֵ	טֶ
בּ	בּוּ	בֻּ	בּוֹ	בֹּ	בָּ	בַּ	בִּי	בִּ	בֵּי	בֵּ	בֶּ
ב	בוּ	בֻ	בוֹ	בֹ	בָ	בַ	בִי	בִ	בֵי	בֵ	בֶ
ו	ווּ	וֻ	ווֹ	וֹ	וָ	וַ	וִי	וִ	וֵי	וֵ	וֶ
ה	הוּ	הֻ	הוֹ	הֹ	הָ	הַ	הִי	הִ	הֵי	הֵ	הֶ
ח	חוּ	חֻ	חוֹ	חֹ	חָ	חַ	חִי	חִ	חֵי	חֵ	חֶ
כ	כוּ	כֻ	כוֹ	כֹ	כָ	כַ	כִי	כִ	כֵי	כֵ	כֶ
כּ	כּוּ	כֻּ	כּוֹ	כֹּ	כָּ	כַּ	כִּי	כִּ	כֵּי	כֵּ	כֶּ
ק	קוּ	קֻ	קוֹ	קֹ	קָ	קַ	קִי	קִ	קֵי	קֵ	קֶ
שׁ	שׁוּ	שֻׁ	שׁוֹ	שֹׁ	שָׁ	שַׁ	שִׁי	שִׁ	שֵׁי	שֵׁ	שֶׁ
שׂ	שׂוּ	שֻׂ	שׂוֹ	שֹׂ	שָׂ	שַׂ	שִׂי	שִׂ	שֵׂי	שֵׂ	שֶׂ
ס	סוּ	סֻ	סוֹ	סֹ	סָ	סַ	סִי	סִ	סֵי	סֵ	סֶ

עָלֵינוּ לְשַׁבֵּחַ ! ⇆

```
* ┌─────────────────────────────────┐
  │                                 │
  │  Ach = אַח . . . = חַ . . .     │
  │                                 │
  └─────────────────────────────────┘
```

1   חַלָה   חַנָה   נַחַל   בָּחַר

2   לְשַׁבֵּחַ   כֹּחַ   הַמֵנִיחַ   וּמֵנִיחַ   נֹחַ

3   לְשַׁבֵּחַ = לְשַׁבֵּאַח   לְשַׁבֵּחַ

4   כֹּחַ = כֹּאַח   כֹּחַ

5   הַמֵנִיחַ = הַמֵנִיאַח   הַמֵנִיחַ

6   וּמֵנִיחַ = וּמֵנִיאַח   וּמֵנִיחַ

7   נֹחַ = נֹאַח   נֹחַ

8   עָלֵינוּ לְשַׁבֵּחַ !

9   קוֹל ה׳ בַּכֹּחַ

10   הַמֵנִיחַ לְעַמוֹ

11   וּמֵנִיחַ בִּקְדוּשָׁה

12   לְשַׁבֵּחַ   כֹּחַ   הַמֵנִיחַ   וּמֵנִיחַ   נֹחַ

13   נֹחַ אִישׁ צַדִיק

---

*   חַ when it comes at the *end of a word* is pronounced like *ach* in German or Yiddish.

עָלֵינוּ

1 עָלֵינוּ עֲלֵיכֶם שָׁלוֹם עֲלֵיכֶם עָלֵינוּ לְשַׁבֵּחַ

2 אֲדוֹן הַכֹּל אֲדוֹן עוֹלָם

3 חֶלְקֵנוּ גוֹרָלֵנוּ עָשָׂנוּ שָׂמָנוּ שָׂם

4 גוֹיֵי הָאֲרָצוֹת מִשְׁפְּחוֹת הָאֲדָמָה

5 שֶׁלֹּא עָשָׂנוּ כְּגוֹיֵי הָאֲרָצוֹת

6 וְלֹא שָׂמָנוּ כְּמִשְׁפְּחוֹת הָאֲדָמָה

7 שֶׁלֹּא שָׂם חֶלְקֵנוּ כָּהֶם

8 וְגוֹרָלֵנוּ כְּכָל הֲמוֹנָם

9 אֲנַחְנוּ כּוֹרְעִים לִפְנֵי

10 מֶלֶךְ מַלְכֵי הַמְּלָכִים הַקָּדוֹשׁ בָּרוּךְ הוּא

11 מִמֶּלֶךְ מַלְכֵי הַמְּלָכִים הַקָּדוֹשׁ בָּרוּךְ הוּא

12 וְהָיָה ה׳ לְמֶלֶךְ בַּיּוֹם הַהוּא יִהְיֶה ה׳ אֶחָד

13 ה׳ אֶחָד וּשְׁמוֹ אֶחָד

Page . . . .

עָלֵינוּ

עָלֵינוּ לְשַׁבֵּחַ לַאֲדוֹן הַכֹּל

לָתֵת גְּדֻלָּה לְיוֹצֵר בְּרֵאשִׁית

שֶׁלֹּא עָשָׂנוּ כְּגוֹיֵי הָאֲרָצוֹת

וְלֹא שָׂמָנוּ כְּמִשְׁפְּחוֹת הָאֲדָמָה

שֶׁלֹּא שָׂם חֶלְקֵנוּ כָּהֶם וְגֹרָלֵנוּ כְּכָל הֲמוֹנָם

וַאֲנַחְנוּ כּוֹרְעִים וּמִשְׁתַּחֲוִים וּמוֹדִים

לִפְנֵי מֶלֶךְ מַלְכֵי הַמְּלָכִים הַקָּדוֹשׁ בָּרוּךְ הוּא

וְנֶאֱמַר וְהָיָה יְיָ לְמֶלֶךְ עַל־כָּל־הָאָרֶץ

בַּיּוֹם הַהוּא יִהְיֶה יְיָ אֶחָד וּשְׁמוֹ אֶחָד

עץ
חיים

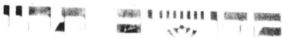

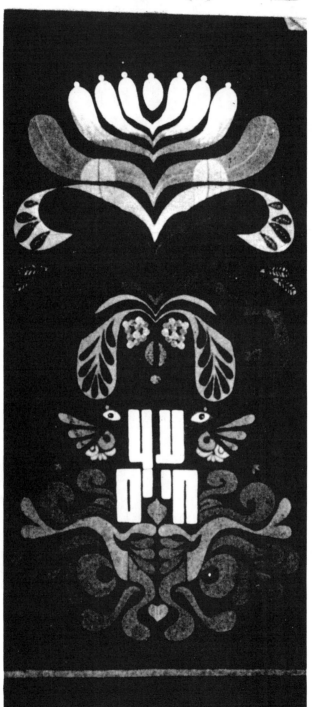

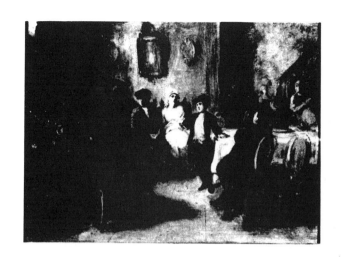

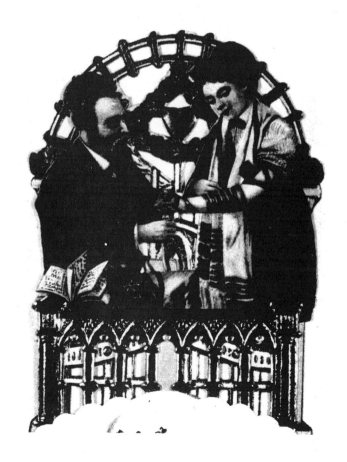

From the Prayerbook

הָבוּ לַה׳

בּ

בְּנֵי אֵלִים
מַיִם רַבִּים
קוֹל ה׳ בַּכֹּחַ
קוֹל ה׳ בֶּהָדָר
הִשְׁתַּחֲווּ לַה׳ בְּהַדְרַת קֹדֶשׁ
קוֹל ה׳ יָחִיל מִדְבָּר
יָחִיל ה׳ מִדְבַּר קָדֵשׁ

ב

הָבוּ לַה׳ כָּבוֹד וָעוֹז
הָבוּ לַה׳ כְּבוֹד שְׁמוֹ
אֵל הַכָּבוֹד הִרְעִים
קוֹל ה׳ שׁוֹבֵר אֲרָזִים
לְבָנוֹן וְשִׂרְיוֹן כְּמוֹ בֶן רְאֵמִים
חוֹצֵב לַהֲבוֹת אֵשׁ
וּבְהֵיכָלוֹ כֻּלּוֹ אוֹמֵר כָּבוֹד
וַיֵּשֶׁב ה׳ מֶלֶךְ לְעוֹלָם
ה׳ יְבָרֵךְ אֶת עַמּוֹ בַשָּׁלוֹם

בּ ב

הָבוּ לַה׳ בְּנֵי אֵלִים
וַיְשַׁבֵּר ה׳ אֶת אַרְזֵי הַלְּבָנוֹן
ה׳ לַמַּבּוּל יָשָׁב

מִזְמוֹר לְדָוִד

הָבוּ לַייָ בְּנֵי אֵלִים הָבוּ לַייָ כָּבוֹד וָעֹז:
הָבוּ לַייָ כְּבוֹד שְׁמוֹ הִשְׁתַּחֲווּ לַייָ בְּהַדְרַת־קֹדֶשׁ:
קוֹל יְיָ עַל־הַמָּיִם אֵל־הַכָּבוֹד הִרְעִים
יְיָ עַל־מַיִם רַבִּים:
קוֹל יְיָ בַּכֹּחַ קוֹל יְיָ בֶּהָדָר:
קוֹל יְיָ שֹׁבֵר אֲרָזִים וַיְשַׁבֵּר יְיָ אֶת־אַרְזֵי הַלְּבָנוֹן:
וַיַּרְקִידֵם כְּמוֹ־עֵגֶל לְבָנוֹן וְשִׂרְיוֹן כְּמוֹ בֶן־
רְאֵמִים:
קוֹל יְיָ חֹצֵב לַהֲבוֹת אֵשׁ:
קוֹל יְיָ יָחִיל מִדְבָּר יָחִיל יְיָ מִדְבַּר קָדֵשׁ:
קוֹל יְיָ יְחוֹלֵל אַיָּלוֹת וַיֶּחֱשֹׂף יְעָרוֹת
וּבְהֵיכָלוֹ כֻּלּוֹ אֹמֵר כָּבוֹד:
יְיָ לַמַּבּוּל יָשָׁב וַיֵּשֶׁב יְיָ מֶלֶךְ לְעוֹלָם:
יְיָ עֹז לְעַמּוֹ יִתֵּן יְיָ יְבָרֵךְ אֶת־עַמּוֹ בַשָּׁלוֹם:

ח כ ך כּ ס

בְּחֶפְצוֹ וְאַחֲרֵי אֶחָד לְהַחְבִּירָה
וְחַי חֶבְלִי רוּחִי רוּחִי
מָלַךְ מֶלֶךְ יִמְלוֹךְ כִּכְלוֹת תַּכְלִית
כָּל כֹּל הַכֹּל כּוּסִי
נִסִּי וּמָנוֹס כּוֹסִי

אֲדוֹן עוֹלָם

Matching Ideas	Rhymes	
אֲשֶׁר מָלַךְ, אֲנִי מֶלֶךְ שְׁמוֹ נִקְרָא	נִבְרָא	
לְבַדּוֹ יִמְלוֹךְ	נִקְרָא	
בְּטֶרֶם כָּל יְצִיר נִבְרָא	נוֹרָא	
לְעֵת נַעֲשָׂה בְחֶפְצוֹ כֹּל	בְּתִפְאָרָה	
וְאַחֲרֵי כִּכְלוֹת הַכֹּל	לְהַחְבִּירָה	שֵׁנִי
	וְהַמִּשְׂרָה	
וְהוּא הָיָה וְהוּא הֹוֶה וְהוּא יִהְיֶה	צָרָה	גּוֹאֲלִי
בְּלִי רֵאשִׁית, בְּלִי תַכְלִית	אֶקְרָא	לִי
אֵלִי גּוֹאֲלִי חֶבְלִי נִסִּי מָנוֹס לִי כּוֹסִי	וְאָעִירָה	רוּחִי
רוּחִי רוּחִי גְּוִיָּתִי לִי	אִירָא	גְּוִיָּתִי

Page . . . .

אֲדוֹן עוֹלָם

אֲדוֹן עוֹלָם אֲשֶׁר מָלַךְ	בְּטֶרֶם כָּל יְצִיר נִבְרָא:
לְעֵת נַעֲשָׂה בְחֶפְצוֹ כֹּל	אֲזַי מֶלֶךְ שְׁמוֹ נִקְרָא:
וְאַחֲרֵי כִּכְלוֹת הַכֹּל	לְבַדּוֹ יִמְלוֹךְ נוֹרָא:
וְהוּא הָיָה וְהוּא הֹוֶה	וְהוּא יִהְיֶה בְּתִפְאָרָה:
וְהוּא אֶחָד וְאֵין שֵׁנִי	לְהַמְשִׁיל לוֹ לְהַחְבִּירָה:
בְּלִי רֵאשִׁית בְּלִי תַכְלִית	וְלוֹ הָעֹז וְהַמִּשְׂרָה:
וְהוּא אֵלִי וְחַי גּוֹאֲלִי	וְצוּר חֶבְלִי בְּעֵת צָרָה:
וְהוּא נִסִּי וּמָנוֹס לִי	מְנָת כּוֹסִי בְּיוֹם אֶקְרָא:
בְּיָדוֹ אַפְקִיד רוּחִי	בְּעֵת אִישַׁן וְאָעִירָה:
וְעִם רוּחִי גְּוִיָּתִי	יְיָ לִי וְלֹא אִירָא:

Notated by S. Rosenbaum

Units 10-12

The names of the letters and their sequence

א	אָלֶף				
בּ	בֵּית	ב	בֵית		
ג	גִמֶל				
ד	דָלֶת				
ה	הֵא				
ו	וָו				
ז	זַיִן				
ח	חֵית				
ט	טֵית				
י	יוֹד				
כּ	כַּף	כ	כָף	ך	כָף סוֹפִית
ל	לָמֶד				
מ	מֵם			ם	מֵם סוֹפִית
נ	נוּן			ן	נוּן סוֹפִית
ס	סָמֶךְ				
ע	עַיִן				
פּ	פֵּא	פ	פֵא	ף	פֵא סוֹפִית
צ	צָדִי			ץ	צָדִי סוֹפִית
ק	קוֹף				
ר	רֵישׁ				
שׁ	שִׁין	שׂ	שִׂין		
תּ	תָּו	ת	תָו		

Summary of alphabet grouped for similarities

א	ע	ה
בּ	ב	
ב	ו	
ד	ר	
ה	ח	
ו	ב	
ח	כ	
ט	תּ	ת
פּ	כ	ך	ח
כּ	ק	
מ	ם	
ם	ס	
נ	ן	
ס	ש	
ס	ם	
ע	א	ה
פ	פ	ף
צ	ץ	
ק	כּ	
ר	ד	
שׁ	ש	
שׂ	ס	
תּ	ת	ט

א	ע	צ							
י	ו	ן							
ך	ז	ף	ץ						
ך	ם	ן	ף	ץ					
כ	ך	מ	ם	נ	ן	פ	ף	צ	ץ
בּ	ב	כּ	כ	פּ	פ				
תּ	ת								

◌ַ	◌ָ
◌ֵ	◌ֵי
◌ִ	◌ִי
◌ֻ	וּ
	וֹ
וֹ	וּ

(י)							
י	ו	ן					
(ד)							
ד	ה	ח	ך				
(ר)							
ר	בּ	ב	כּ	כ	פּ	פ	ף
ס	ק	תּ	ת				

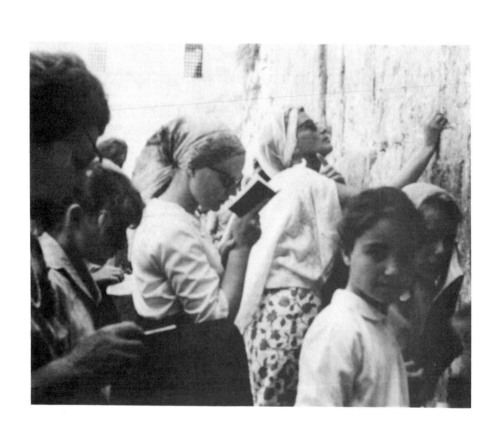

Page . . . .

לְכוּ נְרַנְּנָה לַה׳

נְרַנְּנָה	לְכוּ נְרַנְּנָה	לְכוּ נְרַנְּנָה לה׳
נָרִיעָה	נָרִיעָה לְצוּר	נָרִיעָה לְצוּר יִשְׁעֵנוּ
נְקַדְּמָה	נְקַדְּמָה פָנָיו	נְקַדְּמָה פָנָיו בְּתוֹדָה
נָרִיעַ	בִּזְמִירוֹת נָרִיעַ	בִּזְמִירוֹת נָרִיעַ לוֹ

נָרִיעָה = נָרִיעַ

נָרִיעָה	נָרִיעָה לְצוּר יִשְׁעֵנוּ
נָרִיעַ	בִּזְמִירוֹת נָרִיעַ לוֹ

לַ	לַה׳	לְצוּר יִשְׁעֵנוּ
בְּ	בְּתוֹדָה	בִּזְמִירוֹת

לְכוּ נְרַנְּנָה לַייָ	נָרִיעָה לְצוּר יִשְׁעֵנוּ
נְקַדְּמָה פָנָיו בְּתוֹדָה	בִּזְמִרוֹת נָרִיעַ לוֹ

שִׁירוּ לַה׳ שִׁיר חָדָשׁ

שִׁירוּ לַה׳ — שִׁיר חָדָשׁ
שִׁירוּ לַה׳ — כָּל הָאָרֶץ
שִׁירוּ לַה׳ — בָּרְכוּ שְׁמוֹ
בַּשְּׂרוּ — מִיּוֹם לְיוֹם יְשׁוּעָתוֹ
סַפְּרוּ — בַגּוֹיִם כְּבוֹדוֹ
בְּכָל הָעַמִּים נִפְלְאוֹתָיו

יִשְׂמְחוּ הַשָּׁמַיִם

1 יִשְׂמְחוּ 2 וְתָגֵל 3 יִרְעַם 4 יַעֲלוֹז 5 יְרַנְּנוּ

1 יִשְׂמְחוּ הַשָּׁמַיִם
2 וְתָגֵל הָאָרֶץ
3 יִרְעַם הַיָּם וּמְלוֹאוֹ
4 יַעֲלוֹז שָׂדַי וְכָל אֲשֶׁר בּוֹ
5 יְרַנְּנוּ כָּל עֲצֵי יָעַר

Page . . . .

כִּי בָא לִשְׁפֹּט הָאָרֶץ

כִּי בָא
לִפְנֵי ה׳ כִּי בָא
כִּי בָא לִשְׁפֹּט הָאָרֶץ
לִשְׁפֹּט
כִּי בָא לִשְׁפּוֹט הָאָרֶץ
יִשְׁפּוֹט תֵּבֵל בְּצֶדֶק
הָאָרֶץ תֵּבֵל הָעַמִּים
לִשְׁפּוֹט הָאָרֶץ
יִשְׁפּוֹט תֵּבֵל
יִשְׁפּוֹט עַמִּים בֶּאֱמוּנָתוֹ
יִשְׁפּוֹט עַמִּים בְּמֵישָׁרִים

לִפְנֵי יְיָ כִּי בָא כִּי בָא לִשְׁפֹּט הָאָרֶץ
יִשְׁפֹּט-תֵּבֵל בְּצֶדֶק וְעַמִּים בֶּאֱמוּנָתוֹ

לִפְנֵי יְיָ כִּי בָא לִשְׁפֹּט הָאָרֶץ יִשְׁפֹּט תֵּבֵל בְּצֶדֶק
וְעַמִּים בְּמֵישָׁרִים

אוֹר זָרוּעַ

Page . . . .

צַדִּיק

אוֹר זָרוּעַ לַצַּדִּיק שִׂמְחוּ צַדִּיקִים בַּה׳

שִׂמְחָה

וּלְיִשְׁרֵי לֵב שִׂמְחָה שִׂמְחוּ צַדִּיקִים בַּה׳

אוֹר זָרוּעַ לַצַּדִּיק	וּלְיִשְׁרֵי לֵב שִׂמְחָה
שִׂמְחוּ צַדִּיקִים בַּיְיָ	וְהוֹדוּ לְזֵכֶר קָדְשׁוֹ

ה׳ מָלָךְ יִרְגְּזוּ עַמִּים

Page . . . . .

ה׳ אֱלֹהֵינוּ

רוֹמְמוּ ה׳ אֱלֹהֵינוּ
כִּי קָדוֹשׁ ה׳ אֱלֹהֵינוּ

קָדוֹשׁ

וְהִשְׁתַּחֲווּ לְהַר קָדְשׁוֹ
כִּי קָדוֹשׁ ה׳ אֱלֹהֵינוּ

רוֹמְמוּ יְיָ אֱלֹהֵינוּ	וְהִשְׁתַּחֲווּ לְהַר קָדְשׁוֹ
כִּי קָדוֹשׁ יְיָ אֱלֹהֵינוּ	

ה׳ מָלָךְ

ה׳ מָלָךְ תָּגֵל הָאָרֶץ
ה׳ מָלָךְ יִרְגְּזוּ עַמִּים

קָדְשׁוֹ

וְהוֹדוּ לְזֵכֶר קָדְשׁוֹ
וְהִשְׁתַּחֲווּ לְהַר קָדְשׁוֹ

מִזְמוֹר לְיוֹם הַשַּׁבָּת

Page . . . .

יִפְרָח צַדִּיק כַּתָּמָר יִפְרָח
בְּחַצְרוֹת אֱלֹהֵינוּ יַפְרִיחוּ

כַּ כַּתָּמָר יִפְרָח
כְּאֶרֶז יִשְׂגֶּה

בַּ בַּלְּבָנוֹן יִשְׂגֶּה
בְּבֵית ה׳
בְּחַצְרוֹת אֱלֹהֵינוּ

צַדִּיק כַּתָּמָר יִפְרָח	כְּאֶרֶז בַּלְּבָנוֹן יִשְׂגֶּה
שְׁתוּלִים בְּבֵית יְיָ	בְּחַצְרוֹת אֱלֹהֵינוּ יַפְרִיחוּ

תְּפִילַת עַרְבִית (מַעֲרִיב)

בָּרְכוּ

Page . . . .

בָּרְכוּ אֶת יְיָ הַמְבוֹרָךְ
בָּרוּךְ יְיָ הַמְבוֹרָךְ לְעוֹלָם וָעֶד

הַמַּעֲרִיב עֲרָבִים

לְעוֹלָם וָעֶד
תָּמִיד יִמְלוֹךְ עָלֵינוּ לְעוֹלָם וָעֶד
הַמְבוֹרָךְ לְעוֹלָם וָעֶד

אֵל חַי וְקַיָּם	תָּמִיד יִמְלוֹךְ עָלֵינוּ לְעוֹלָם וָעֶד
בָּרוּךְ אַתָּה יְיָ	הַמַּעֲרִיב עֲרָבִים

אַהֲבַת עוֹלָם

אַהֲבָה

אַהֲבַת אָהַבְתָּ וְאַהֲבָתְךָ אוֹהֵב
אַהֲבַת עוֹלָם — עַמְּךָ אָהַבְתָּ
וְאַהֲבָתְךָ אַל תָּסִיר מִמֶּנּוּ לְעוֹלָמִים
אוֹהֵב עַמּוֹ יִשְׂרָאֵל

עוֹלָם

אַהֲבַת עוֹלָם. וְנִשְׂמַח . . . לְעוֹלָם וָעֶד
אַל תָּסִיר מִמֶּנּוּ לְעוֹלָמִים

יִשְׂרָאֵל עַמְּךָ

בֵּית יִשְׂרָאֵל עַמְּךָ אָהַבְתָּ אוֹהֵב עַמּוֹ יִשְׂרָאֵל

תּוֹרָה וּמִצְוֹת

תּוֹרָה וּמִצְוֹת חֻקִּים וּמִשְׁפָּטִים אוֹתָנוּ לִמַּדְתָּ
וְנִשְׂמַח בְּדִבְרֵי תוֹרָתֶךָ וּבְמִצְוֹתֶיךָ

חֻקִּים וּמִשְׁפָּטִים

חֻקִּים וּמִשְׁפָּטִים אוֹתָנוּ לִמַּדְתָּ
בְּשָׁכְבֵנוּ וּבְקוּמֵנוּ נָשִׂיחַ בְּחֻקֶּיךָ

יוֹם

כִּי הֵם חַיֵּינוּ וְאוֹרֶךְ יָמֵינוּ
וּבָהֶם נֶהְגֶּה יוֹמָם וָלָיְלָה

אַהֲבַת עוֹלָם בֵּית יִשְׂרָאֵל עַמְּךָ אָהַבְתָּ. תּוֹרָה וּמִצְוֹת חֻקִּים וּמִשְׁפָּטִים אוֹתָנוּ לִמַּדְתָּ. עַל־כֵּן יְיָ אֱלֹהֵינוּ בְּשָׁכְבֵנוּ וּבְקוּמֵנוּ נָשִׂיחַ בְּחֻקֶּיךָ. וְנִשְׂמַח בְּדִבְרֵי תוֹרָתֶךָ וּבְמִצְוֹתֶיךָ לְעוֹלָם וָעֶד. כִּי הֵם חַיֵּינוּ וְאֹרֶךְ יָמֵינוּ וּבָהֶם נֶהְגֶּה יוֹמָם וָלָיְלָה. וְאַהֲבָתְךָ אַל תָּסִיר מִמֶּנּוּ לְעוֹלָמִים. בָּרוּךְ אַתָּה יְיָ אוֹהֵב עַמּוֹ יִשְׂרָאֵל.

מִי כָמֹכָה

Page . . . .

מִי כָמֹכָה	מִי כָמֹכָה בָּאֵלִים ה׳ מִי כָּמֹכָה נֶאְדָּר בַּקֹּדֶשׁ
גָּאַל	וּגְאָלוֹ מִיַּד חָזָק מִמֶּנּוּ גָּאַל יִשְׂרָאֵל
אֵל	מִי כָמֹכָה בָּאֵלִים ה׳ זֶה אֵלִי

מִי־כָמֹכָה בָּאֵלִים יְיָ מִי כָּמֹכָה נֶאְדָּר בַּקֹּדֶשׁ נוֹרָא תְהִלֹּת עֹשֵׂה פֶלֶא

קוֹנֵה שָׁמַיִם וָאָרֶץ

Page . . . .

אֵל

אֱלֹהֵינוּ אֱלֹהֵי אֲבוֹתֵינוּ
אֱלֹהֵי אַבְרָהָם אֱלֹהֵי יִצְחָק אֱלֹהֵי יַעֲקֹב
הָאֵל הַגָּדוֹל
אֵל עֶלְיוֹן

בָּרוּךְ אַתָּה יְיָ אֱלֹהֵינוּ וֵאלֹהֵי אֲבוֹתֵינוּ. אֱלֹהֵי אַבְרָהָם אֱלֹהֵי יִצְחָק וֵאלֹהֵי יַעֲקֹב. הָאֵל הַגָּדוֹל הַגִּבּוֹר וְהַנּוֹרָא אֵל עֶלְיוֹן קֹנֵה שָׁמַיִם וָאָרֶץ.

מָגֵן אָבוֹת
Page . . . .

מָגֵן אָבוֹת בִּדְבָרוֹ
מְחַיֵּה מֵתִים בְּמַאֲמָרוֹ
הָאֵל הַקָּדוֹשׁ — שֶׁאֵין כָּמוֹהוּ
הַמֵּנִיחַ לְעַמּוֹ — בְּיוֹם שַׁבַּת קָדְשׁוֹ
כִּי בָם רָצָה לְהָנִיחַ לָהֶם
לְפָנָיו נַעֲבוֹד — בְּיִרְאָה וָפַחַד
וְנוֹדֶה לִשְׁמוֹ — בְּכָל יוֹם תָּמִיד
מֵעֵין הַבְּרָכוֹת
אֵל הַהוֹדָאוֹת — אֲדוֹן הַשָּׁלוֹם
מְקַדֵּשׁ הַשַּׁבָּת — וּמְבָרֵךְ שְׁבִיעִי
וּמֵנִיחַ בִּקְדוּשָּׁה — לְעַם מְדֻשְּׁנֵי עֹנֶג
זֵכֶר לְמַעֲשֵׂה בְרֵאשִׁית

אֱלֹהֵינוּ וֵאלֹהֵי אֲבוֹתֵינוּ
Page . . . .

אֱלֹהֵינוּ וֵאלֹהֵי אֲבוֹתֵינוּ רְצֵה בִמְנוּחָתֵנוּ
קַדְּשֵׁנוּ בְּמִצְוֹתֶיךָ וְתֵן חֶלְקֵנוּ בְּתוֹרָתֶךָ
שַׂבְּעֵנוּ מִטּוּבֶךָ וְשַׂמְּחֵנוּ בִּישׁוּעָתֶךָ
וְטַהֵר לִבֵּנוּ לְעָבְדְּךָ בֶּאֱמֶת
וְהַנְחִילֵנוּ ה׳ אֱלֹהֵינוּ בְּאַהֲבָה וּבְרָצוֹן
שַׁבַּת קָדְשֶׁךָ
וְיָנוּחוּ בָהּ יִשְׂרָאֵל מְקַדְּשֵׁי שְׁמֶךָ
בָּרוּךְ אַתָּה ה׳ מְקַדֵּשׁ הַשַּׁבָּת

ILLUSTRATION CAPTIONS & CREDITS

Cover: *Kiddush on Sabbath Eve (simulation), photograph by Marcus A. Cohen;* Courtesy Lincoln Square Synagogue, New York, N.Y.

Frontispiece: *"Shalom Aleichem,"* Prayers for Sabbath, *Berlin, 1742;* Library, Jewish Theological Seminary of America.

P. 2: *Crown, paroḥet (Ark curtain), Keneseth Israel – Beth Sholom, Kansas City, Mo.;* Synagogue Art & Architecture Library, Union of American Hebrew Congregations.

Facing p. 4: *King David's "Song of the Ark," etching by Marc Chagall,* The Bible; The Brooklyn Museum.

Facing p. 5: *King Solomon, a micrograph (word picture) made up of the words of* The Song of Songs, *Order of Circumcision, Amsterdam, mid-18th cent.;* Columbia University Libraries.

P. 16: *"Shalom Aleichem," illumination,* Pforzheim Siddur, *Germany, 1723;* Library, Jewish Theological Seminary of America.

Facing p. 22: *Father returning home from Synagogue on Sabbath Eve (Midrashic legend), woodcut by Ilya Schor, contemporary;* Synagogue Art & Architecture Library, Union of American Hebrew Congregations.

Facing p. 23: *(top) "The Cherubim," detail from carved wooden doors to Holy Ark, by Milton Horn, Temple Israel, Charleston, W. Va. contemporary;* Synagogue Art & Architecture Library, Union of American Hebrew Congregations; *(bottom) "Jacob's Dream," etching by Marc Chagall,* The Bible; The Brooklyn Museum.

P. 27: *Valance of Ark Curtain, by Adolph Gottlieb, Congregation Beth-El, Springfield, Mass., contemporary;* Synagogue Art & Architecture Library, Union of American Hebrew Congregations.

Facing p. 37: *Reciting the Kiddush at Home on Sabbath Eve (simulation), photograph by Marcus A. Cohen;* Hebrew Publishing Company Archives.

P. 48: *Mezuzah, silver, by Ilya Schor, contemporary;* Synagogue Art & Architecture Library, Union of American Hebrew Congregations.

Facing p. 54: *(top) Ḥallah Cloth, by Marianna Kirschstein, 19th cent.;* Skirball Museum at Hebrew Union College, Los Angeles; *(bottom) Kiddush Cups, silver;* Leo Baeck Institute, N. Y.

Facing p. 55: *"Sabbath Queen," ink drawing by Ephraim Moses Lilien (1874-1925), Germany:* Leo Baeck Institute, N. Y.

Facing p. 62: *Paroḥet, tapestry, Shelter Rock Jewish Center, Long Island, N.Y.;* Synagogue Art & Architecture Library, Union of American Hebrew Congregations.

Facing p. 63: *(top) Rehearsal for Bar Mitzvah, oil study by Moritz Oppenheim (1800-82), Germany;* Central Synagogue, N.Y.; *(bottom) Jewish New Year Card, detail, Germany, ca. 1910;* Hebrew Publishing Company Archives.

P. 69: *Women praying at the Kotel (Western Wall), photograph by Odeda Dubow;* United Jewish Appeal.

P. 77: *Sabbath lamp, photograph by John T. Hill;* Congregation Shearith Israel, N. Y.

The musical notations are reprinted by kind permission of the Cantors Assembly from *Zamru Lo,* volume one, Copyright© 1974 by the Cantors Assembly, New York, N. Y.